幼儿园教育教学创新研究

车红艳◎著

中国出版集团 现代出版社

图书在版编目（CIP）数据

幼儿园教育教学创新研究 / 车红艳著. -- 北京 : 现代出版社, 2023.7

ISBN 978-7-5231-0379-1

Ⅰ. ①幼… Ⅱ. ①车… Ⅲ. ①学前教育－教学研究Ⅳ. ①G612

中国国家版本馆CIP数据核字(2023)第107956号

幼儿园教育教学创新研究

作　　者　车红艳
责任编辑　田静华
出版发行　现代出版社
地　　址　北京市朝阳区安外安华里504号
邮　　编　100011
电　　话　010-64267325　64245264(传真)
网　　址　www.1980xd.com
电子邮箱　xiandai@cnpitc.com.cn
印　　刷　北京四海锦诚印刷技术有限公司
版　　次　2024年4月第1版　2024年4月第1次印刷
开　　本　185 mm×260 mm　1/16
印　　张　10.5
字　　数　244千字
书　　号　ISBN 978-7-5231-0379-1
定　　价　58.00元

前　言

随着社会经济的飞速发展与新课改政策的不断深入推进，社会对幼儿园教育的重视程度越来越高。幼儿园教育是整个基础教育的重要组成部分，是我国学校教育和终身教育的奠基阶段，直接关系到国民素质的整体提升和民族未来的持续发展。幼儿园教育教学活动作为幼儿园教育的基本形式以及课程的实施载体，在促进幼儿全面、健康、和谐、整体发展方面起到了重要的作用。在幼儿园教育教学中，要坚持创新意识，通过创新教学，提高幼儿园教育教学的整体水平，更好地促进幼儿身心的全面和谐发展。

基于此，笔者以“幼儿园教育教学创新研究”为题，首先，对幼儿园教育原则与途径、幼儿园教育理念与策略、幼儿园语言教育的改革、幼儿园教育的课程体系进行分析；其次，对幼儿园教育教学活动设计进行探讨，涉及幼儿园教育活动的内容体系、幼儿园语言教育活动、幼儿园科学与数学教育活动、幼儿园音乐与美术教育活动、幼儿园健康与体育教育活动、幼儿园其他教育活动等领域；最后，研究了幼儿园教学团队与管理创新，以及创新理念下的幼儿园教学实践。

本书主要对幼儿园教育教学创新进行了梳理，立足幼儿园教学实践，探寻幼儿园教育教学的实施等，旨在提升幼儿园教育教学的质量。同时，注重引用幼儿教育领域的新理念，以理论为基础，探索幼儿园教育教学的创新思想。本书内容重点突出，通俗易懂，条理清楚，实用性强，对幼儿园教育研究的工作者以及幼儿园教学发展有一定的指导作用。

在写作本书的过程中，笔者借鉴了许多专家学者的研究成果，在此表示真挚的谢意。由于涵盖内容较多，篇幅有限，时间仓促以及笔者的能力局限性，尽管主观上尽了最大努力，但书中所涉及的内容难免有疏漏之处，希望各位读者提出宝贵意见，以便笔者进一步修改，从而使本书更加完善。

目　录

第一章　幼儿园教育的理论支撑

第一节　幼儿园教育原则与途径

一、幼儿园教育原则

幼儿园教育的原则是教师在对幼儿进行教育时必须遵循的基本要求。这些基本要求是根据幼儿园教育目标与任务、幼儿身心发展的特点以及幼儿教育实践经验而提出来的。幼儿园教育的原则应始终贯穿于幼儿教育工作的全过程。正确掌握和运用幼儿园教育原则是幼儿园教育顺利进行和幼儿教育质量不断提高的重要保证。幼儿园教育原则既涉及教育的一般原则，也涉及教育的特殊原则。

（一）幼儿园教育的一般原则

1. 尊重幼儿人格尊严和合法权益的原则

幼儿虽然处于被教育的地位，但他是独立的个体，幼儿园教育应该保护幼儿的尊严及其个体权益，只有在尊重幼儿的基础上开展教育才是真正的幼儿园教育。

（1）幼儿的人格尊严应该得到尊重。人在出生的时候就已经具备了自己的人格尊严，不能因为幼儿的年龄而忽略幼儿的人格尊严。幼儿是独立的，他有自己的思想爱好，也有自己独特的认知，不能因为其思想不成熟就对其进行随意的指责和敷衍。幼儿教师应该做到认真倾听幼儿提出的要求，尊重幼儿的想法，以此来培养幼儿，让其形成自我意识，认可自己的价值以及能力，让幼儿有自信。只有在幼儿阶段完成了这一系列能力的培养，幼儿后续的发展才是有基础可依的。

（2）幼儿具有的合法权益应该得到保障。社会中规定的权益一般情况下是针对成人的，相比于成人的权益，幼儿权益更加特殊，如其具有生存权益、受抚养权益以及受教育权益等。这些权益体现的是社会对幼儿的尊重，但与此同时，幼儿也因为其发展不成熟、相对弱小而无法行使自己的权利，其权利的保障需要成人的保护和帮助。无论是幼儿机构还是家庭和社会，都应该保障幼儿具有的合法权益。教师除了是帮助幼儿成长的教育者之外，也是幼儿权益的保护者。

2. 促进幼儿全面发展的原则

促进幼儿全面发展的原则是指教师有针对性地采取最有效、最合理的方式促进幼儿在德、智、体、美、劳等方面全面发展的要求。

（1）幼儿园教育应该使幼儿全面发展。幼儿园教育中必须同时涵盖德、智、体、美、劳，不能忽略任何一个方面的培养，也不能因为强化了一个方面的培养而忽略另一个方面的培养，因为某一方面的突出无法弥补其他方面的缺失，只有做到德、智、体、美、劳的全面渗透，才能算是对幼儿进行了全面培养。教师在组织幼儿活动的过程中，必须注重德、智、体、美、劳各类教育因素的充分体现，还要注意不同教育因素之间的结合与渗透，通过融合促进幼儿的智力发展、身体发展、情感发展。与此同时，教育活动的实施应该避免片面侧重的问题，过于偏重幼儿某一方面的发展会导致其他方面的发展权益受到损失，进而无法实现全面教育。需要注意的是全面教育要求的结合与渗透并不是在活动中人为地将所有方面的教育都渗透、结合，应该从内容以及方式的角度去考虑让活动囊括所有的教育因素。

（2）幼儿园教育应该实现幼儿的协调发展。协调发展指的是要关注到幼儿身心以及其他方面的均衡协调发展，幼儿身心发展会对其他能力的培养有一定的制约，其他能力的培养反过来也会制约幼儿的身心发展，所以，应该让幼儿身心发展和其他能力的发展相互协调。具体来讲，可以从以下四个方面保证幼儿的协调发展：首先，器官以及身体机能的均衡发展；其次，幼儿情感、幼儿性格、幼儿语言、幼儿社会性等各种心理技能的均衡发展；再次，幼儿心理方面以及生理方面的均衡发展；最后，幼儿个体和社会在需求方面的均衡协调发展。

（3）幼儿园教育应该实现幼儿的个性发展。幼儿园教育除了达到普遍的要求之外，教师还应该注重幼儿的个性发展，应该有针对性地培养幼儿的个性，发掘幼儿身上与众不同的闪光点，激发幼儿的发展潜能，从而实现幼儿的个性培养，使其成为具有独特个性的人，而不是千人一面。根据美国教育学家和心理学家加德纳的多元智能理论，即在发展孩子多方面智能的同时，要允许、鼓励和培养孩子智能的优势领域，接纳和利用孩子智能各方面发展的特殊组合和家庭背景带来的影响。

3. 面向全体，重视个别差异的原则

幼儿教师除了从整体的角度去观察教育对象、培养教育对象之外，还应该从个体的角度出发，关注到所有受教育者的个性差异，然后因材施教，实现每一个幼儿的科学发展。

（1）幼儿园教育要实现幼儿个体的发展。教育针对的是全体幼儿，必须让每一个幼儿都达到教育的基本要求，教师应该对所有的幼儿一视同仁，保障所有幼儿都有平等接受教育的机会，不可以只关注优秀的幼儿，而忽视其他幼儿的发展。

（2）幼儿园教育应该使幼儿在原有水平上进一步得到提升。幼儿是独立的个体，其兴趣爱好、性格特点、学习方式都是有差异的，教师要因材施教，以此来满足幼儿的特殊需求，激发幼儿的潜能，让幼儿发挥自己的长处，使幼儿的能力得到提升。

（3）幼儿园教育应该从多个角度为幼儿发展提供帮助。传统教育在开展活动时，经常进行集体活动，很少使用小组活动，个别活动就更少了。这种活动模式不利于幼儿个体需求的满足。因此，在教育活动中，幼儿教师应使用多元化的教育活动形式，为幼儿的发展提供支持。

4. 充分发掘教育资源，坚持开放办学的原则

幼儿在成长的过程中，其家庭环境以及外在的社会环境对其成长都有着至关重要的影响，幼儿教育必须注重周围环境的教育作用。幼儿能触到的家庭、社区、学校等都包含大量的教育资源，幼儿参与的活动，如游戏、旅行、看电视等也涉及大量的教育资源，这些教育资源有非常大的教育作用。这些教育资源体现出的特点是分布广泛、运用灵活、多种多样，而且能即时发挥作用。在幼儿园教育中应该充分利用这样的教育资源。当前的教育是开放的，和社会系统之间有着非常紧密的关联。幼儿教育机构在幼儿成长的过程中承担着指导作用，它需要以开放、共享的姿态，联合家庭、联合社会，以实现对幼儿的全面培养。

5. 发展适宜性的原则

发展适宜性包含两个层次的含义：一是年龄适宜性；二是个体适宜性。幼儿园教育的出发点和归宿点都是促进幼儿身心和谐发展，促进每一个幼儿在现有的水平基础上获得最大限度的发展。幼儿教师进行幼儿教育课程的设计、组织、实施都应着眼于促进幼儿的发展，所提出的教育目标，既不可任意拔高，也不能盲目滞后，要注重幼儿的学习准备。按苏联著名心理学家维果斯基的理论而言，幼儿教师要找准每个孩子的“最近发展区”，使每个孩子通过教学活动都能在原有的基础上有所提高，即“跳一跳，摘个桃”。幼儿教师应充分了解幼儿已有知识和理解能力、智力水平的基础，提出“略为超前”的适度的教育要求，把幼儿发展的可能性与积极引导二者辩证地结合起来，既不可低估或迁就幼儿已有的水平，错过发展的机会，又不可揠苗助长，超出发展的可能性。

（二）幼儿园教育的特殊原则

1. 保教结合的原则

保教结合指的是在对幼儿进行教育的同时，也对幼儿实行保育，双管齐下，共同促进儿童的成长，为儿童的成长保驾护航。保教结合的原则属于我国幼儿教育的特色，幼儿园除了注重幼儿的全面发展，还会注重幼儿在幼儿园的生活。进行保育教育主要是出于对幼儿身心发展的考虑，幼儿年龄较小，身心发展不成熟，对幼儿进行保育教育能保证幼儿的身心是健康发展的。具体来讲，坚持保教结合的原则应该做到以下三个方面。

（1）幼儿园应该从保育和教育两个方面开展幼儿工作。幼儿一天的生活是非常丰富的，早上来到幼儿园，要接受检查，要参与晨间活动，然后还要接受一定的教育活动、游戏活动。在中午的时候要吃午餐、睡午觉，下午要进行户外活动，然后离开幼儿园回家。在一天的活动中，每一个环节都有其教育目的、教育要求，每一个环节也都离不开保育的支持。保育为幼儿的生活、发展提供了一定的环境支持和物质支持，只有幼儿得到了精心的照顾和细心的养育，他们的身体才能发展良好，才是真正实现了身心的健康发展。教育则是从幼儿的习惯养成、态度养成与情感认知方面对幼儿进行培养和教育，让幼儿掌握一定的知识和生活技能。实现保教结合的前提是幼儿教师应该和保育员以及幼儿维持良好的工作关系、师生关系，这样工作才能顺利开展。

（2）保育和教育工作互相联系、互相渗透。幼儿园保育和教育不可分割的关系是由幼教工作的特殊性和幼儿身心发展的特点决定的。虽然保育和教育有各自的主要职能，但是并不是截然分离的。幼儿保育是指维护幼儿身心健康的活动；幼儿教育是指促进幼儿身心向前发展的活动。由此可见，教育中包含了保育的成分，保育中也渗透着教育的内容。

（3）保育和教育是在同一过程中实现的。保育和教育不是分别孤立地进行的，而是在统一的教育目标指引下，在同一过程中实现的。有的保育员在护理幼儿生活时，忽视随机的、有意识的实施教育，结果无意识地影响了幼儿的发展。例如，区域活动结束后，保育工作包括检查玩具的安全性、注意幼儿情绪变化、整理玩具、维护区域卫生等活动。在这个过程中，如果保育员让幼儿以帮忙的形式共同完成，那么可以培养幼儿做事有始有终、保护环境和注重个人卫生的良好习惯；如果不给幼儿锻炼的机会，活动结束了就各自离开，也不整理玩具，这可能会助长幼儿的依赖思想，失去了锻炼自己能力的实践机会，也可能在无形中剥夺了幼儿发展自己的权利。

2. 以游戏为基本活动的原则

以游戏为基本活动的原则是指幼儿教师寓教育于游戏之中，根据不同的教育内容，组织开展各种各样的游戏活动满足幼儿的身心需求，使幼儿在玩中学、学中玩，愉快地学习，快乐地成长。游戏是幼儿教育机构的基本活动。游戏最符合幼儿身心发展的特点，是幼儿最愿意从事的活动，最能满足幼儿的需要，有效地促进幼儿发展。游戏具有其他活动所不能替代的教育价值。

（1）对幼儿来讲，游戏是最容易接受的学习方式。游戏的过程也是幼儿学习的过程，而且游戏的学习方式更加适合幼儿的学习需求，在生动、有趣的游戏过程中，幼儿的身体机能被充分地调动，幼儿的学习兴趣被充分激发，幼儿可以在玩游戏的过程中掌握知识、发展情感、锻炼身体，养成良好的道德品质。

（2）游戏的学习方式把内容和形式进行了充分的结合。游戏的主要内容是幼儿要学习的课程，游戏同时也充当了课程开展的背景，它还是课程能实施的途径之一。游戏内容的确定应该结合幼儿兴趣、幼儿行为以及幼儿的主动性、积极性，只有充分考虑了以上三点要求，才能充分发挥出游戏的教育作用。而且游戏的开展应该保证时间富足，保证幼儿能获得充分的游戏材料支持，只有这样，幼儿才能在游戏中获得愉悦的体验，才能实现幼儿的身心健康发展。

3. 教育的活动性和直观性原则

（1）活动性原则。活动性原则是指教师寓教育于各项活动之中，以活动贯穿、主导整个教育过程，以活动作为幼儿教育的主要内容和形式，以活动促进幼儿身心健康发展。幼儿园教育应从幼儿身心发展的特点和水平出发，以活动为基础展开教育过程。同时，活动形式应多样化，以便幼儿能在多种多样的活动中得到发展。

第一，以活动为中介，通过各种活动促进幼儿的发展。幼儿认知直觉行动性与形象性的方式和特点，决定了他们不可能像中小学生那样，主要通过课堂书本知识的学习来获得发展，而必须通过活动去接触各种事物和现象、与人交往、实际操作物体才能逐步积累经验、获得真知。幼儿园教育，不能只让幼儿静坐着看和听，而应该想各种办法引导幼儿主动活动。对幼儿而言，只有在活动中的学习，才是有意义的学习，才是理解性的学习。

第二，教育活动的多样性。幼儿教育机构的活动不是单一的，教育活动的内容、形式不同，在幼儿发展中的作用是不同的。幼儿教师要注意教育活动的多样性，才能有效地促进幼儿发展。从类型而言，有集中教育活动、游戏、日常生活活动、亲子活动、劳动等；从活动的领域而言，有健康、科学、社会、艺术、语言领域；从表现形式而言，有听说表达类、运动类、动手制作类、小实验等活动；从组织形式而言，有集体活动、小组活动、个别活动。幼儿教师要综合运用上述各种活动，使幼儿通过参与各种活动得到各方面的发展。

(2) 直观性原则。幼儿的思维特点是形象性，在他们的思维中，第一信号系统占有绝对的优势。所以，幼儿在理解事物的过程中依赖的是他们的感性经验，他们会利用自己的感官去认识世界、理解世界，通过对事物的直接接触、直接感受，他们能形成对事物的初级印象和概念。所以，在幼儿教育过程中应该注意直观性以及形象性的体现。

第一，教师应该在考虑幼儿目前身心发展水平的基础上使用直观的教学方式，让幼儿建立从实物到图片、从实物到语言或者从实物到模型的联系。

第二，教师应该利用示范或直观教学方式把抽象变得形象化，使幼儿可以更好地理解。

第三，教师应该利用直观上可以看得见的操作，让幼儿对内容有直观的了解，让幼儿通过形象来获得各种知识和经验。

4. 生活化和一日活动整体性原则

幼儿园教育一定要注重生活化特征的体现，幼儿园教育要充分体现出一日活动的整体性。

(1) 幼儿园教育应该生活化。在对幼儿进行教育的过程中，应该将生活的内容融入教育中。举例而言，在课程设计方面，可以参照幼儿的生活习惯、生活秩序进行设计。除此之外，还可以按照节日顺序、时令变化、季节变化来安排课程，让课程和生活之间的联系更加紧密。教育和生活关联性的加强需要幼儿整合生活中的经验，只要和幼儿学习有关的，无论是日常经验还是非日常经验，都可以将其融入课程结构中。

(2) 幼儿园生活应该教育化。生活中有很多事情具有教育意义，在幼儿的日常生活中应该引导幼儿对生活经验进行系统化、条理化的认知。幼儿的视角和成人是不同的，幼儿教师要注意从幼儿的角度去观察世界，将这些认知和幼儿的学习内容联合起来，让生活发挥对幼儿的教育作用。教师在设计教育活动时，除了注重课堂活动，还应该涉及幼儿一日生活中的活动，要让教育贯穿幼儿一日生活的始终，要抓住生活中的各种教育机会，帮助幼儿系统化、条理化地获得生活经验。除此之外，教师在选择教育活动的内容以及活动的开展方式时，也要注意体现生活化的特点。

(3) 幼儿园教育应该充分发挥一日活动的整体功能。一日活动指的是在教育机构中幼儿一天生活涉及的教育以及保育活动。举例而言，由教师组织的课堂活动、劳动活动、生活活动、游戏活动或自由活动都属于一日活动的范畴。幼儿教育机构应该对一日活动做出科学、合理的安排，活动和活动之间应该是连贯的、一致的，要让一日活动发挥出它的整体性教育功能。一日活动中应该涉及德、智、体、美、劳等教育因素，每日的活动都应该有活动目标，要遵从活动目标的指导，让不同的活动之间是协调的，从而充分地发挥出活动的教育作用。在具体落实一日活动的过程中，应该注意以下两个方面的问题。

第一，幼儿园活动不可以偏废。在一日活动中，生活活动、教学活动、组织性活动、自由活动都对幼儿的发展有其独特的作用。幼儿的吃喝拉撒睡、学习和玩耍都是幼儿发展过程中不可缺少的。当前的幼儿教育存在一个明显的发展趋势，那就是过于注重教学活动以及组织性活动的开展，而忽视了幼儿的生活活动以及自由活动，这就使生活活动和自由活动的教育价值没有得到充分体现。对幼儿来讲，生活活动不仅重要，而且必须，它是幼儿学习的一个非常重要的途径，它有利于幼儿形成健康的人格，所以，一定要注重生活活动以及自由活动的组织和开展。

第二，幼儿园各种活动必须有机统一，实现整体教育功能。幼儿园一日活动必须统一在共同的教育目标下形成合力，才能发挥整体教育功能。这是因为每种活动不是分离地、孤立地对幼儿发挥影响力。因此，如何把教育目标渗透到各种活动中，或者说每项活动怎样围绕目标来展开，就成为幼儿教育实践中应当特别关注的问题。例如，培养幼儿独立性，就需要在生活中注意培养幼儿自己吃饭、穿衣、上厕所等自理能力；在教学活动中，指导幼儿独立思考，有困难自己多动脑筋，尽量自己完成学习任务；在自由活动中，鼓励幼儿自己设计游戏、自己想办法玩、主动与别人交往等。没有这样的有机统一，就不能实现整体教育功能。

二、幼儿园教育途径

幼儿园教育中，教师可以通过各种途径将教学内容呈现给幼儿，相对于其他教育阶段，幼儿园的教育途径更丰富、多样。

第一，有组织的教学活动。这类活动是由教师负责的，教师会根据教学需要科学合理地安排教学活动，而且在活动过程中，教师会发挥其指导作用。这类活动的开展需要教师进行充分准备、制订缜密的计划、选择合适的内容。有组织的教学活动非常明显的特点是高结构性。

第二，除了涉及教学活动之外，幼儿的活动开展还离不开生活，生活活动也是幼儿学习的一个主要途径。

第三，学习环境。幼儿学习环境的范围是非常广的，只要是他们接触到的环境都属于学习环境，都会对幼儿的发展产生一定的影响。所以，在考虑学习环境时，不应该局限于教室环境，还要考虑到幼儿能接触到的其他环境，如室外环境等。

第四，家园合作。幼儿的教育不能仅仅依靠幼儿教育机构的力量，还需要家庭发挥其作用，而且特别重要的一点是家庭和幼儿园之间应该形成协调一致的教育观念，如果出现不和谐因素，那么幼儿的发展将会受到不良影响。所以，家庭和幼儿机构之间应该注重沟通，加强合作和理解，这样才能实现幼儿的协调发展。所以，对幼儿教育而言，应该注重家园合作。

第五，利用社区资源。幼儿并不是只生活在一个家庭、一所幼儿园，而是生活在一个与他人互动的社会环境里，当幼儿离开家庭进入幼儿园，开始慢慢地融入班级、幼儿园和社会时，无比宽广的探索天地，无比丰富的社会资源，就会使他们不断地产生新的问题，因此资源环境对幼儿教育是十分重要的。在这些资源中，离我们最近的就是社区中的教育资源，这些资源是幼儿生活中经常出现的，又是距离较近的，容易被幼儿接受，幼儿园对这些资源利用起来也方便。因此社区中的自然资源、人力资源、精神资源、建筑文化、信息资源都可以作为幼儿园实施教育的途径。

第二节　幼儿园教育理念与策略

一、幼儿园教育理念

幼儿园是孩子们的乐园，“只有不断创新科学的教育理念，为幼儿提供健康、丰富的生活和活动环境，才能满足幼儿多方面的需要，才能使他们从快乐的童年生活中获得有益于身心发展的经验”①。

（一）幼儿园教育要以幼儿为本

教育要以人为本，尊重人性人格，发展个性特长，培养全面的人才，倾注温暖的人才情怀；教师以幼儿为本，一切为了幼儿，为了幼儿的一切，为了一切幼儿。幼儿是独立的人，是未来社会的主人，在幼儿园教育活动中，要使幼儿成为主动的学习者，突出幼儿主体性教育，幼儿的兴趣和需求必须得到足够的尊重。

传统的幼儿教师在组织教育活动时把主要的精力和时间用来研究教材，如何把自己准备好的材料信息教给孩子，这些全都是预先制定，事先设想好的，而对幼儿可能出现的反应、问题全凭教师自己的想法和经验加以假设。这就导致教师无法满足幼儿的需要，使幼儿成为知识的被动接受者。如今，教师要花更多的时间观察幼儿的兴趣，观察幼儿的需要，尽可能用幼儿的眼光看世界，用幼儿的心灵感知世界，用幼儿的语言表达世界。在幼

①高倩文. 论幼儿园教育理念［J］. 读写算，2018（17）：38.

儿园的教育活动中，幼儿教师应该组织适合幼儿身心发展规律的游戏和活动，并且要以游戏作为幼儿园教育的基本形式，寓教育于游戏之中。教师还要注意抓住幼儿关心的一些热点问题，为幼儿提供相互讨论、交流的一个平台，在活动内容、活动方式上也应考虑幼儿的兴趣需要，使幼儿在快乐中生活，在游戏中学习。只有这样，幼儿才能具备好学、好问、勇于探索、追求成功的良好个性，也才能健康、活泼、和谐地发展，拥有属于自己的美好未来。

（二）幼儿园教育要注重幼儿发展

现代教育以促进人的自由全面发展为宗旨，因此它更关注人的发展的完整性、全面性。幼儿园教育必须既符合幼儿的现实需要，又有利于幼儿的长远发展，幼儿园教育要用长远的眼光来看待幼儿今天发展的价值。促进幼儿发展是幼儿教育的出发点和归宿，幼儿期是人的一生发展最迅速的时期，各个年龄阶段的发展特点也为幼教工作者有效开展教育活动提供了生理和心理的基础。人类的潜能是否能得到充分挖掘，依赖于后天的环境和教育。这就要求幼儿教师懂得各年龄段幼儿身心发展的特点，提供适宜的教育方式，挖掘幼儿自身的潜能，以促进每一个幼儿获得最充分的发展，这也是幼儿教育最重要的职能。幼儿全面更好的发展是幼儿教育永远的追求。为此，在幼儿园教育活动的设计与组织中，知识技能的学习固然重要，但是各方面能力的培养，正确情感态度的形成，良好品质和行为习惯的养成会使幼儿终身受用，同时，也更加有利于他们的可持续发展。

（三）幼儿园教育要勇于创新

创新是人类社会生生不息、永远向前的动力，是民族兴旺的不竭源泉。社会发展需要创新型人才。在幼儿园教育中，作为幼儿教师要培养幼儿的创新能力，实施创新教育，教师自身要有创新意识、创新能力。教师设计组织的教育活动应该是可供幼儿探索的、有趣的、具有一定难度的活动，幼儿在教师的指导下自主探索，发现问题、分析问题并找到解决问题的方法，同时注意根据幼儿不同的发展水平，更多地为幼儿创设自主发展的环境，提供可选择的机会、可供幼儿操作的材料、幼儿喜欢的活动区域，允许幼儿以自己的方式主动探索、主动学习，进而达到创新能力的培养目标。

二、幼儿园教育策略

幼儿园教育“更加注重的是促进幼儿的全面发展，发展幼儿的好奇心、自信心、独立性和应变能力；形成幼儿的团队合作和独立探究意识；萌生幼儿接受挑战和承受挫折的勇气。在富有趣味、丰富多彩、富涵科学的活动、游戏、玩乐中形成能力，构建意识”①。幼儿园教育策略如下。

（一）探索科学的幼儿园教育模式

幼儿教育过程不单纯是传授知识、训练技能、机械记忆的过程，而是教师引导幼儿参与活动，激发幼儿兴趣、培养幼儿好奇心，让幼儿乐于观察、乐于尝试、乐于体验、乐于合作，形成师幼积极互动的过程。

第一，教育内容的正确选择和教学方法得当，是提高幼儿科学教育效率的有效途径。一是教育内容选择上要体现广泛性和新颖性。凡是幼儿感兴趣、想了解、能感知、无危险的都可以引导幼儿去接触，不能固守于教育纲要的范围。例如，幼儿通过照镜子、画一画、比一比、数一数来观察自己的眼睛和牙齿的构造，了解其功用。利用人体模型，让幼儿通过看、摸等方法感知，了解人体内有肺、心、肝、胃、肠等器官，讲解为何内脏出问题人就会生病，从而提高幼儿自我健康保护意识。同时，在教育内容选择上还要善于捕捉信息，把握时代脉搏。二是教育方法、组织形式必须灵活多样。我们应该灵活运用集体、小组、个别等形式，保证每个幼儿都有学的机会，培养幼儿学习的兴趣和爱好。同时要通过幼儿自身的听、看、嗅、摸、尝多种感官参与体验与感受去获取知识。三是正确把握教师主导与幼儿主体的关系。教师在活动中应允许幼儿尽情地操作、观察、分类，让幼儿在教学中始终处于主动地位。

第二，建立自然角（观察角），组织开展种植、饲养活动，是培养幼儿学科学、爱科学的情感的重要手段。孩子生性好奇，在对事物的观察过程中会提出许多问题，如果不及时进行引导和启发，这种对事物的好奇心就会逐渐冷淡下去，甚至再也不去注意和理会。有了自然角，孩子们可以在那里天天观察、操作管理、直接感知。

第三，设置益智区（科学区），开展科学小实验，是幼儿掌握基本科学知识和技能的必要措施。在科学区应为幼儿提供丰富的物质材料，如凹凸镜、放大镜、电池、电珠、磁铁等，保证幼儿有更多的机会自由地、独立地、反复地与各种材料接触，按自己的意愿进行各种操作活动。

（二）构建富有情感色彩的心理环境

第一，尊重理解孩子。每个孩子都有其独特的个性，作为教师，要关心孩子的心理需要，要尊重理解孩子，保护孩子的个性发展。要站在孩子的角度看待它们的兴趣爱好，善

①李光莲. 新理念下的幼儿园教育策略研究［J］. 百科论坛电子杂志，2020（2）：324.

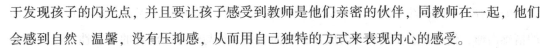

于发现孩子的闪光点，并且要让孩子感受到教师是他们亲密的伙伴，同教师在一起，他们会感到自然、温馨，没有压抑感，从而用自己独特的方式来表现内心的感受。

第二，鼓励支持孩子。幼儿大都喜欢听“好话”，教师要善于肯定幼儿学习及活动过程中的成功之处，增强他们的自信心，鼓励他们克服各种困难，再让他们通过努力，领略成功的喜悦。

（三）创设与幼儿相互作用的物质环境

第一，让环境会说话。以前在布置环境时，总是以教室为主，而且总是以美观为主要原则。如今教师可以将幼儿所到之处都列为教育的环境，将游戏的、认知的、生活的、语言的等各方面内容渗透在教室、卧室、走廊、墙面等地方，使其形成一个整体的教育环境。

第二，让幼儿成为环境的主人。幼儿往往与成人有不同的喜好、表达方式、欣赏标准，在与环境相互作用的过程中，他们具有强烈的选择与表达以及获取成功的愿望。此时，教师要善于调控环境，可以放手让他们自己去想去做、自己去寻求信息和材料，使每位幼儿都能愉快、自由地选择有关的活动内容和方式。

总而言之，幼儿教师应在教育观念上、思维方式上、意识品质上、教育环境上注重改革创新，竭尽全力保护和鼓励幼儿的表现欲望和尝试创造。教师应勇敢地接受时代挑战，努力学会用现代化的教育手段进一步丰富自己的创新能力，积极创造出新的教育方法，为幼儿营造一个更加宽松、和谐、自主的教育环境，让孩子们在完全属于自己的乐园中健康成长。

（四）推动教育资源整合，完善幼儿园教育

1. 推动幼儿园与家庭资源整合

家庭是幼儿生活的主要场所，家庭教育在幼儿的成长中发挥着重要的作用，家庭中蕴含着丰富的教育资源，家长的专业特长可以为幼儿园开展主题活动提供服务，好的教育方法和经验可以和其他家长共享。另外，还可以引导家长参与教育活动，与孩子共同成长，与教师共同反思，帮助教师设计实施各项教育活动，将会极大地提高教育活动的效果。例如，在开展“多样的调味品”相关科学活动中，教师可以事先布置家长在家里让幼儿品尝各种菜肴的味道，感受各种调味品在做菜时发挥的作用，课上请家长给自己的孩子准备几种常用的调味品，以方便每个幼儿在课上更好地通过看、闻、尝等方式感知各种调味品，开展探究活动，从而更好地实现探究目标。这一系列活动中教育资源的整合，丰富了教育

活动的内容，同时使幼儿园与家庭拉近了距离，在连续互动的同时又能加深家长与幼儿园的情感沟通，使家长感受到幼儿的成长，从而增强家长与幼儿园配合的主动性，也促使幼儿园与家庭的教育资源整合更加和谐。

2. 推动幼儿园与社会资源整合

社会资源作为一种新型的教育资源已逐步为幼儿园教育活动所利用，社会中蕴含的丰富的教育资源为幼儿园教师开展教育活动的设计实施提供了更为广阔的平台。

（1）教师可以充分利用自然资源。教师可以带领幼儿深入大自然，引导幼儿亲身感受周围环境的发展变化，感知真实的社会生活，获得丰富的感性体验。例如：社会领域中增强环保意识的教育，从爱护花草树木、保护小区的环境卫生、捡拾废纸杂草做起；科学领域中认识四季特征，可带领幼儿以春游、秋游等活动形式投身大自然，亲身感受四季的变化；自然环境也为幼儿提供了丰富的活动材料，可用于美术活动的手工制作；名胜古迹、家乡变化也能丰富幼儿的视野，提高教育活动的效果。

（2）教师可以利用社会中的人文资源。教师要充分挖掘所在社区的人文资源，为幼儿园教育活动服务。例如，有的幼儿园位于古镇附近，教师可以带领幼儿参观古镇的历史名园、人文景观，了解古镇的今昔变化，拓宽幼儿的视野，不仅能增长历史知识，受到精神文化的熏陶，同时也能感受到中华民族的伟大。

（3）教师可以利用社会中的生活设施资源。随着生活水平的提高，幼儿园所在社区的生活设施不断完善，许多幼儿园附近就分布着超市、银行、学校、医院、农贸市场等设施，这些生活设施也是幼儿园可利用的教育资源，是幼儿园开展教育活动的“活教材”。例如：大班后期的教育活动“我要上学了”，教师可以带领幼儿参观附近的小学，了解小学的环境，到小学生的教室听课，为进入小学做好心理上的准备；主题活动“我们的城市”，幼儿园附近的超市、邮局成了幼儿探究的对象，教师在带领幼儿参观的基础上，提高对工作人员工作职责的认识。因此，充分利用这些生活设施资源可以极大地丰富幼儿的生活。社区的宝贵资源丰富了教育活动的内容，也为幼儿体验社会提供了条件，为幼儿今后的发展奠定基础。

3. 推动幼儿园、家庭与社会多方资源整合

在幼儿园教育活动的实施中可供活动利用和开发的资源是多方面的，既有来自幼儿园的，也有来自家庭和社区的，这些资源的综合利用和有机协调对幼儿园教育活动的效果以及幼儿的发展能产生积极而有效的影响。在幼儿园的教育活动中，教师要科学有效地整合多种教育资源，丰富教育活动的内容，服务于教育教学。例如，在开展与“秋天”的主题

相关的活动时，教师可以设计的资源利用整合方案包括：其一，园内资源的利用，观赏园内的植物，观看资料室提供的秋天图片、图书、录像等资料；其二，家长资源的利用，家长指导幼儿观察大雁南飞、蚂蚁搬家，与幼儿一同查找有关秋天主题的图书、图片，回答幼儿感兴趣的有关秋天的问题；其三，社区资源利用，观赏小区公园的秋景，到小树林里捕捉昆虫，观察落叶等。在开展教学时充分发挥三大类资源各自的优势，相互配合、合理整合，使这些教育资源在幼儿园教育活动中形成整体优化的影响力，促进幼儿活泼、健康、主动地发展。

第三节　幼儿园语言教育的改革探析

下面主要探讨幼儿园对幼儿语言表达能力方面教育的改革。幼儿时期是塑造语言表达能力的关键时期，在孩童1~2岁的时期，是对语言最为敏感的时期，而在1岁左右，是其语言表达能力进步最快的时期。通常在幼儿语言发展的关键时期，对幼儿语言表达能力进行培养的主力是幼儿园，这也就决定了幼儿园对幼儿的语言表达能力的培养有着极其重大的影响力。但在当今幼儿园教学中，对语言表达能力的培养方法还存在一些不足，随着家长对幼儿语言表达能力培养得越来越重视，幼儿园对幼儿语言表达能力的教育改革也越来越迫切。

“幼儿园是培养幼儿语言表达能力的主要场所”①，幼儿的语言表达能力主要是通过幼儿园进行培养的，而家庭所起到的只是最基础的教育和引导以及后期的辅助作用。幼儿园是幼儿学习语言表达能力的主要环境，无论是哪一种语言的学习，环境都是一种重要的因素。对幼儿而言，要培养他们的语言表达能力，主要还是通过环境来进行塑造和培养。幼儿阶段的孩子主要生活的环境无非是家庭和幼儿园，而其中又以幼儿园的环境更加重要。孩子在幼儿园的时间明显更多，而且在幼儿园里，有更多的孩子和老师，也更能形成一个好的语言学习环境。所以，幼儿园是幼儿学习语言的主要环境。幼儿园对幼儿语言表达能力的教育改革可以从以下三个方面着手。

第一，重点改进教学内容。幼儿园的教育改革必须重点改进教学内容，要端正当前的错误做法，尽量避免因为竞争而强行向幼儿传授小学的教学内容，在此基础上，幼儿园应该明确其教学目标是对幼儿的自理能力和语言表达能力的培养，不能错过幼儿阶段对孩子语言表达能力培养的黄金时期。因此，改进教学内容是非常必要的，要针对幼儿的听说能

---

①姚亚菲. 论述幼儿园教育改革 [J]. 情感读本，2016 (5)：69.

力设置专门的课程，加强幼儿语言表达的基本能力。

第二，营造良好的语言交流环境。幼儿园必须重视语言交流环境对语言表达能力教育的重要性。营造良好的语言交流环境，能通过环境教学来促使幼儿多说、多听、多想，在实际的交流环境里锻炼幼儿的思维，用完整的句子来表达自己的思维，通过听来学习更多的语句。语言交流环境是培养幼儿语言表达能力最有效的一个手段。

第三，加强教师的引导职能。除了营造语言交流的环境，还要将幼儿的语言表达方式和说话向正确方向引导，而教师自然是其直接的工作者。因为年龄的关系，这个语言交流环境中的参与者在交流中的表达往往是残缺的、不规范的。幼儿普遍无法完整地说出句子，只能用关联的词语来表达自己的思想。在这个时候，教师应该进行正确的引导，通过各种方式和手段使幼儿用完整的句子来表达。教师的引导职能是幼儿语言表达教学中最关键的部分，起到规范幼儿表达、塑造其正确语言能力的关键作用。

幼儿园对幼儿语言教育的重要性已经不言而喻，但当前幼儿园对这方面的教学还存在一些问题。因此，针对这种现状就要求幼儿园进行相应的教育改革，重视对幼儿语言能力的培育。当然，这个工作还有很长的一段历程。

第二章　幼儿园教育的课程体系

第一节　幼儿园课程性质与模式

一、幼儿园课程的性质分析

幼儿园课程是在幼儿一日生活活动中，使幼儿获得有益的学习经验，促进其身心和谐发展的各种活动的总和。“幼儿的身体与心智发展水平不同于其他年龄阶段的学习者，幼儿的学习不是书面的学习，教师的语言传递不是幼儿学习的主要方式，系统化的学科知识也不是幼儿实际的学习内容，这样就使幼儿园课程作为特定阶段幼儿的课程有它区别于其他课程的特质。”① 对幼儿园课程性质的分析，对更好地认识幼儿园课程，更好地进行幼儿园课程设计与实施有重要的指导与启发意义。

（一）幼儿园课程的基础性与启蒙性

幼儿教育是向下扎根的教育，它在整个教育体系中处于奠基石的位置，幼儿园课程是学前教育的载体，它直接影响幼儿在这一阶段所获得的经验及其当时的发展，从而为其今后甚至一生的发展奠定基础，因而具有基础性特质。幼儿阶段是人一生的启蒙阶段，是幼儿迈开脚步走向社会的开始，幼儿园课程只需要向幼儿传递关于自然、社会与人类最浅显的知识和观念，不求多么系统与深奥，所以幼儿园课程就应该成为幼儿的一个睿智的引导者，帮助他们认识周围世界，使他们在原有发展水平的基础上身心得到初步的锻炼与启迪，使幼儿在享有快乐童年的同时，身心得到与其发展水平相宜的提高。

（二）幼儿园课程的全面性与生活性

幼儿园课程是实现幼儿教育目的的手段，是实现幼儿全面发展的中介，因此幼儿课程

①王春燕，王秀萍，秦元东. 幼儿园课程论［M］. 杭州：浙江工商大学出版社，2018：16.

就必须以实现幼儿在身体、认知、情感、社会性等方面的和谐发展为目标，要具有全面性。学前儿童处在身心发展的特殊时期，对他们而言，一些基本的生活卫生习惯、生活自理能力、与人相处的态度及基本的常识等都需要在这一阶段学习，而这些东西是不可能通过教师的书面讲授、口耳相传获得的，只能在生活的过程中学习。另外，由于幼儿的思维是形象的、直观的，对他们来讲最感兴趣的学习就是他们可以感知的、具体形象的内容。所以，幼儿只有在现实生活中，通过与大量的人、事、物的相互作用，通过交往、参与、探究获得知识，习得态度，体验情感，形成个性，因而从生活中学习就成了幼儿学习的必然要求。因此，幼儿园课程必然带有浓厚的生活特征，课程内容来源于幼儿的生活，课程实施更要贯穿儿童一日生活的各个环节，所以生活性就是幼儿园课程的一个重要性质。幼儿园课程的生活性并不意味着要把教育与日常生活等同起来，而是要合理地加强教育与生活的联系，这符合幼儿学习的特点，也符合幼儿教育的要求。

（三）幼儿园课程的潜在性与整合性

由于幼儿知识经验相对较少，自我辨别与自我控制的能力较低，模仿力强，幼儿园的一草一木，教师的一言一行无时无刻不在影响着幼儿的发展。因而，幼儿园课程不仅体现在有目的、有计划的教育活动中，而且更重要地体现在环境、生活、游戏及教师不经意的行为中。幼儿园课程总是蕴含在环境、材料、活动之中，潜移默化地作用于幼儿，影响幼儿的发展。因此，和学校课程相比，突出的潜在性也是幼儿园课程的重要性质。

幼儿身心发展的水平和学习特点决定了幼儿园的课程应该是高度整合的课程。在幼儿园课程实施中，儿童是以完整的人的形象出现的，所以幼儿园课程的内容就应是整合的，应尽可能使不同的课程内容产生联系。幼儿园课程不应追求将现实生活割裂的或与现实生活不一致的知识系统，幼儿园课程应使多个学科、多个发展领域之间相互联系、相互促进，从而构成一个有机的发展整体，更好地促进儿童的发展。幼儿园教育活动的组织要注重综合性、趣味性、生活性；教育活动的组织形式应根据需要合理安排，灵活运用；幼儿园要综合利用各种资源，扩展幼儿生活和学习的空间；等等都体现了幼儿园课程整合的特点。事实上，以上特点也必然要求幼儿园课程具有整合性的性质。

（四）幼儿园课程的活动性与直接经验性

对幼儿而言，由于其生理、心理的发展特点及学习特点就使得儿童的学习方式与其他学段的学生不同。对幼儿而言，只有在活动中的学习才是有意义的学习，只有以直接经验为基础的学习才是理解性的学习。他们必须借助于具体的情境、具体的事物，在参与、探索和交往中学习，离开了幼儿与环境相互作用的各种具体活动及情境，幼儿园课程就没有了鲜活的生命力。所以，幼儿园课程的实施，关键在于为幼儿创设丰富的活动情境，创设有利于幼儿自发、主动探究的活动氛围，为幼儿提供各种探究与互动的机会，通过幼儿在一日生活活动中获得直接经验而进行的，从这一意义上来讲，幼儿园课程具有活动性与直接经验性的性质。

二、幼儿园课程的编制模式

“幼儿园课程是引导幼儿获得有益经验的各种活动”①，在幼儿园课程的编制过程中，“不同的课程会导致课程的编制模式以不同的方式展开，在各种编制模式中，目标模式和过程模式对幼儿园课程的编制产生的影响较大”②。

（一）幼儿园课程编制的目标模式

幼儿园课程编制的目标模式以目标作为课程编制的出发点与归宿，围绕课程目标的确立及其实现选择课程内容，并实施课程设计，最终以目标的达成与否来评价课程的优劣。具体而言，在幼儿园课程编制的过程中，要强调课程目标在纵向上和横向上的分解和细化。例如，强调课程目标在时间单元上的纵向分解，将学年目标划分为学期目标、月目标、周目标、日目标等。将课程目标在领域上划分为各种横向目标，如科学领域、体育领域、语言领域等目标。同时，在课程的实施过程中，对目标完成与否的评判是评定课程优劣的重要标准，也是行为目标确立的依据。目标模式对幼儿园课程编制产生过深远的影响。

幼儿园课程编制的目标模式流程清晰，步骤明确，教师实施起来较为容易，具体而言，这一模式的优势主要包括：第一，课程目标明确、具体，操作性强，教师能清楚地意识到自己要做的事情；第二，易把目标转化为课程目标，其转化技术也不难掌握；第三，教育评价和学生的达成程度都明白易见，有利于教师和学生明确努力方向；第四，有利于教师教学内容的描述，与家长、学校及学生本人进行交流。

正是由于目标模式的可控性，使得目标模式过多地由教育者控制，其局限性也是比较明显的，主要表现在：第一，目标由教师设计，教学过程由教师主导，评价方式由教师掌握，因此在这个过程中儿童的主动性和创造性等元素被忽略了；第二，这种行为目标模式使那些能识别的行为得到强调，而那些不能转化为可观察的行为的某些转变则在某些程度

①虞永平. 幼儿园课程建设与教师专业成长［J］. 中国教师，2020（1）：81.

②万超，陈清淑. 幼儿园课程论［M］. 长春：东北师范大学出版社，2016：25.

上被忽略了，如情感、态度、价值观等无法观测到的心理素质则往往被忽视；第三，目标模式下课程目标被分解和细化，而明确的目标势必会割裂儿童的经验，这与儿童的发展是获得整体的经验是不太相符的。

（二）幼儿园课程编制的过程模式

幼儿园课程编制的过程模式旨在培养儿童智慧、教养和自由的品质，以及注重理解与思维的价值，过程模式是继目标模式之后的一个重要的课程编制模式。教育的最终目的在于增进人的自由及创造力，而教育的重要机制在于引导人们探索知识。过程模式所呈现出来的最大特征是具有开放的设计思路，不以事先确定好的行为目标为课程编制的依据，而是强调整个教学展开过程的基本规范，并使之与宽泛的目的保持一致。由此，幼儿园课程编制的过程模式的主要程序为：设定一般的目标—实施有创造性的教学活动—论述—评价教学活动引起的结果。

课程编制的过程模式对幼儿园课程的编制产生了相当大的影响，并将进一步产生重要的影响。例如，在幼儿园课程编制过程中，淡化课程目标的预设，强调儿童活动的过程；淡化教师在教育活动组织中的计划性和控制性，强调根据儿童的兴趣和需要组织活动，尊重儿童的选择和创造；淡化根据客观标准对幼儿园教育进行评价，强调过程性评价，强调教师在教育评价中的自我评价作用，这些指导思想和做法都与过程模式的基本思路是一致的。

幼儿园课程编制的过程模式强调教育和知识内在的本体价值；强调在教育过程中对具体情境的诊断；强调“教师即研究者”所应发挥的作用。所有这些主张对儿童主体精神和创造性思维的培养，教师主动性、创造性的发挥以及专业成长和在教育中更多体现民主精神和人文精神都是十分有益的。但是，过程模式也存在一些不足，例如，按过程模式编制的课程往往缺乏科学性、计划性和系统性，对教育的评价往往缺乏客观标准而带有过多的主观色彩。同时，过程模式赋予教师过分理想化的角色和过高的要求，因此往往会由于教师难以达到这样的水平而使该课程模式不易被推广。

综上所述，幼儿园课程编制的目标模式和过程模式，在理论上是对立的两种模式，但是在幼儿园课程编制的实践中，课程编制者完全可以吸取这两种课程模式的长处，补偿对方模式的短处，在它们之间建立互补的关系，以求课程在总体设计思路上的科学性和艺术性、课程目标的预设性和生成性、课程评价的总结性与形成性等特性之间达到平衡。

第二节　幼儿园课程的典型方案

一、幼儿园的五指活动课程方案

五指活动课程是由我国著名儿童教育家、儿童心理学家、中国现代幼儿教育奠基人陈鹤琴先生创造的，五指活动课程的内容由五方面组成，它犹如人手掌上的五个指头，是活的、可以伸缩的、互相联系的。五指活动在幼儿生活中结成一个教育的网，有组织、有系统、合理地编织在幼儿的生活中。

（一）幼儿园的五指活动课程目标

幼儿园的五指活动课程强调，课程是达到目的的工具，而确定目的，先要确立幼儿是主体的思想。幼儿、教师和教材是教育中的三大要素。作为教师先要测量幼儿的个性，希望他们达到怎样的目的，然后选择最适宜的教材，使用最适宜的方法，以达到所希望的目的。五指活动课程的目的包括：第一，做人应有合作的精神，同情心，服务的精神；第二，身体应有健康的体格，养成卫生习惯，并有相当的运动技能；第三，智力应有研究的态度，充分的知识和表意的能力；第四，情绪应能欣赏自然美和艺术美，养成快乐精神，消除惧怕的情绪。

（二）幼儿园的五指活动课程内容

对课程内容的选择，幼儿园的五指活动课程倡导“活教材”的观点，要求幼儿园的课程内容要与幼儿的实际生活相结合。以“五指活动”来规定的课程内容主要包括：第一，健康活动，包括饮食、睡眠、早操、游戏、户外活动、散步等；第二，社会活动，包括朝夕会、周会、纪念日集会、每天的谈话及社会常识等；第三，科学活动，包括植物的培植、动物的饲养、自然现象的研讨、当地自然环境的认识等；第四，艺术活动，包括音乐（唱歌、节奏、欣赏）、图画、手工等；第五，语文活动，包括故事、儿歌、谜语、读法等。

幼儿园的五指活动课程中，选择课程内容应遵照三条标准。第一，凡幼儿能学的东西就有可能作为幼儿园的教材，但有时在“能学”的标准之下，还要有点限制。例如，有些东西幼儿虽然能学，但是学习会妨碍他们身心的发育，那就不必勉强他们学习。第二，教材须以幼儿的经验为依据。第三，凡是能使幼儿适应社会的就可取为教材。

（三）幼儿园的五指活动课程组织

在幼儿园课程组织上，五指活动课程反对分科教学，强调幼儿的生活是整个儿的，教材也必定要整个儿的，互相连接，不能四分五裂。五指活动课程主张幼儿园的课程应依幼儿身心的发展，使五指活动在幼儿生活中结成一个教育的网，有组织、有系统、合理地编织在幼儿的生活中。这种有系统的组织应根据幼儿的环境为中心。幼儿的环境不外乎两种：一种是自然环境，包括动植物和自然现象；另一种是社会环境，包括个人、家庭、集会等类的交往。可确定的中心，如节气，包括中秋、重阳、元旦、端午等；自然界的应时事物，包括秋菊、冬雪、春桃、夏荷等；社会性事件，包括纪念日、庆祝会等。自然和社会这两种环境是幼儿天天接触到的，应当成为幼儿园课程的中心。幼儿园的课程可以从这两大类环境中选择幼儿感兴趣的而且又适合幼儿的人、事、物为中心，以单元主题来组织，各项活动都围绕单元进行，使各科之间构成内在联系，形成整体。这种课程内容组织的方法被称为“整个儿教学法”，即把幼儿所应该学的东西整个儿地、有系统地教幼儿学，后来改称为“单元教学法”。

五指活动课程中，设计与组织单元活动的步骤包括：①本星期教师会议上要讨论下星期大约可以做的工作。②把要做的活动拟定以后，就要商议它的内容，大约分几个步骤可以做。③各活动内应用的材料和可以参考的书，教师应详细预备。不过所谓预备是教师自己的预备，不是替幼儿预备，幼儿可以不假思索地来享受。④寻找或布置一个适当的环境来引起这个设计。⑤幼儿既然感兴趣，教师顺着幼儿的兴趣，引起各方面的活动，并且与各科联络，但是并不强求合乎预定的设计。⑥时间完全不限制，多做就多做，少做就引到其他的设计上来。⑦幼儿如不能维持到做完设计的全部历程，教师应分析一下原因，是否可以补救。⑧幼儿临时发生特种兴趣，教师要尽力去指导，视情况可以改变全部预定的设计，做临时发动的事。⑨幼儿急需看到结果，所以各个设计中应当分作许多小段落，他们的兴趣方可维持。⑩同一设计单元里，各方面的活动很多，幼儿愿意做任何一方面，应该由幼儿自由去做，不希望每个方面都做到。⑪在同一设计单元中，有许多活动是由几个人合作的，也有许多活动是只需独自做的。教师可以做他们的领袖，同时可以训练几个幼儿来做领袖。⑫每个设计单元的每一个阶段或一方面的活动，得到结果，应当有极短的、简单的批评与讨论。

（四）幼儿园的五指活动课程编制方法

幼儿园的五指活动课程编制，主要采取以下方法。第一，圆周法。圆周法就是各班预定的单元相同，研究的事物也相同，不过取材内容随着幼儿年龄的不同而分别予以适当的教材和分量。第二，直进法。直进法就是将幼儿生活中可能接触到的事物，依照事物的性质和内容的深浅而分布在各个不同年龄的班级里，如小班研究猫和狗，中班研究羊和牛，大班研究马和虎。第三，混合法。混合法就是在编制课程的时候，以上两种方法均须采用。亦即课题和要求有相同或不同。在编制课程时，通常运用混合法。

在五指活动课程的实施方面，主要采取以下方法。第一，采用游戏式教学方法。游戏是幼儿生来喜欢的，幼儿以游戏为生活。幼儿园应当采用游戏式的教学方法去教导幼儿，要以主动代替被动，使幼儿在游戏中、活动中学习，往往会收到事半功倍的效果。第二，采用小团体式教学法。由于幼儿的年龄参差不齐，智力各不相同，兴趣又不一致，因此在教学时应采用小团体式，区别对待，分组实施，使处于不同发展水平的幼儿都有所长进。第三，通过环境的创设和材料的提供引起幼儿的学习动机。教师若要希望幼儿做某种活动，或使幼儿明了某种观念，就需要布置环境，投放材料以刺激幼儿，而且在环境创设时要依据教育的内容变化。材料的摆放高度要适合幼儿。

（五）幼儿园的五指活动课程评价

幼儿园的五指活动课程方案中，课程内容主要取自幼儿的生活，以幼儿的自然和社会为中心，在教学方法上注重幼儿的兴趣和主动学习，围绕单元活动，幼儿主动地获取知识与经验。五指活动课程也有一些局限性，例如，在理论层面虽然努力避免课程中的知识中心倾向，但在实践层面上仍然比较注意教材，而对幼儿的注重程度不足。尽管五指活动课程强调五指不是五个学科，应整合成一个有机的整体进行，但在推行时仍被误解而分科进行，这是我们在借鉴时所应注意的。

二、幼儿园的蒙台梭利课程方案

蒙台梭利是意大利幼儿教育家，她创立的幼儿教育法影响世界各国。幼儿园的蒙台梭利课程强调幼儿均具备自我成长发展并形成健全人格的生命力，所以在对幼儿天性、发展和环境的信念下，其教育的主要目标是帮助幼儿发展出自发性的人格和养成一种独立、自信、自律、自足及自我管理的活动习惯。

（一）幼儿园的蒙台梭利课程内容

幼儿园的蒙台梭利课程根据幼儿发展敏感期的特点，制定了由浅入深、由具体到抽象的课程内容，涵盖五个领域，即感官教育、日常生活练习教育、语言教育、数学教育及文化科学教育。

1. 感官教育内容

幼儿园的蒙台梭利课程认为，感官活动是一切智能发展的基础，因而感官教育是教育内容中最重要的，也是最富有特色的部分。感官教育的直接目的是使幼儿感官敏锐，间接目的在于培养幼儿的观察、判断、区别、比较、归类等能力。这也是个体适应环境的最佳准备。蒙台梭利课程设计出一套含有16种系列感官教具，其目的主要是训练视觉、听觉、触觉、味觉和嗅觉五大类感官。

听觉训练主要使幼儿习惯于辨别和比较声音的差别，使他们在听声训练过程中，培养初步的审美和鉴赏能力；视觉训练在于帮助幼儿提高鉴别度量的视知觉，鉴别颜色、形状、大小、高低、长短及不同的几何形体；触觉训练在于帮助幼儿辨别物体是光滑还是粗糙，辨别温度的冷热，辨别物体的轻重和大小、厚薄、长短以及形体；嗅觉与味觉训练主要注重提高幼儿嗅觉和味觉的灵敏度。

2. 日常生活练习内容

日常生活练习也是蒙台梭利日常课程方案中教育内容的重要组成部分，与幼儿自身有关的日常生活练习主要包括：第一，幼儿的自我服务，包括穿脱衣服、刷牙、洗脸、洗手、梳头等盥洗活动。第二，幼儿初步的动作练习，如坐、走、站及抓握等。第三，管理家务的工作，包括扫地、拖地板、擦桌椅、摆餐桌、端盘子、整理房间等。通过日常生活练习，可以帮助幼儿学会生活自理的基本技能，发展大小肌肉动作和肢体的协调，学习自我控制，培养独立、自主、专心、合作的态度，最终形成幼儿独立自立的能力与精神。

3. 语言教育内容

蒙台梭利课程把语言机制看作高级心理活动的先决条件，认为语言能促进幼儿智力的发展，因此非常重视对幼儿进行语言教育。训练幼儿的语言能力，必须先训练其听觉，为幼儿注意更精确的语音做好准备。蒙台梭利课程的语言教育包括以下两部分。

（1）读的教育，主要采用命名、辨认、拼音三段教法，增进幼儿清楚而精确的语言能力，同时还通过为幼儿提供阅读教材和交谈两种方式进行。阅读材料由清晰的书写好的单词和短语纸片与卡片组成，还有大量的玩具。

（2）写的教育，幼儿学习书面语言与学习口头语言不同，不能自然地获得。蒙台梭利课程以对幼儿的观察和研究为基础，为幼儿设计了文字教育的教具，如金属嵌板、砂纸文字、书卡集等，让幼儿进行书写活动练习，以发展幼儿的书写能力。书写的练习应先于阅读的练习，应通过触觉的训练帮助幼儿发展书写动作，为此蒙台梭利课程设计了专为书写

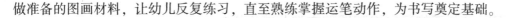

做准备的图画材料，让幼儿反复练习，直至熟练掌握运笔动作，为书写奠定基础。

4. 数学教育内容

蒙台梭利课程为幼儿设计了计算方面的内容，包括：数数，数字练习，用书写符号表示数，数的记忆练习，从1~20数数、按顺序记忆，10以上的算术运算等。蒙台梭利主张通过数学教具，帮助幼儿学习数学。所以，在数学教育方面，除了运用感觉教育的教具外，还设计了一套数学教育的教具。而且数学教具的运用是与教学目的相匹配的，例如，为了让幼儿理解0~10的数字和数量，可运用的教具有数棒、砂数字板、纺锤棒和纺锤箱等。为了让幼儿认识十进位的概念，可运用的教具有金色串珠、数字卡片等。数学教育旨在提高幼儿逻辑思考、解决问题及推理等能力。

5. 文化科学教育内容

蒙台梭利主张让儿童学习前人创造的文化财富，即文化科学知识，认为通过学习文化科学知识可以发展智慧、丰富精神和增长教养。因此她主张应该充分利用3~6岁这个容易获取文化并自然成熟的时期让幼儿初步地掌握一些简单的文化科学知识，主要内容包括地理、自然科学、历史及人类艺术等方面的内容。

（二）幼儿园的蒙台梭利课程组织

幼儿园的蒙台梭利课程是以幼儿的内在需求为出发点，要求必须仔细观察幼儿并充分了解可以帮助他们发展的活动，其教育内容的组织是以教具为中心，教具依据幼儿各敏感期设计，其顺序性很清楚，幼儿只要照自己的进度去操作，也不必特别按年龄计划，幼儿可以按自己的能力去发展，不需他人指定。教育过程的组织则是以环境为基础。任何教育计划的施行，首要的是提供安全、真实且适合幼儿的环境，以激发幼儿自我发展，尤其是能帮助幼儿引起自我知觉、自我支配的动机。课室内外环境是根据课程内容提供各种活动的区域，让幼儿在不干扰他人的情况下可以自由选择。适合幼儿的“有准备的”环境应该是：第一，有规律、有秩序的生活环境；第二，提供有吸引力、美的、实用的设备和用具；第三，允许幼儿独立地活动，自然地表现，使幼儿能意识到自己的力量；第四，丰富幼儿的生活印象；第五，促进幼儿智力的发展；第六，培养幼儿的社会性行为。

按以上要求设置的有准备的环境，幼儿就会按照自己的需要、发展的速度和节奏来行动，并在这个过程中表现出热爱秩序、严肃认真、长时间地集中注意力、尽最大的努力反复进行某种操作而不感到疲倦等优秀品质和智慧。

（三）幼儿园的蒙台梭利课程中教师的作用

幼儿园的蒙台梭利课程认为教育不是教师自上而下的教授，而是教师协助幼儿自下而上地自我发展，所以把“儿童之家”的教师称为“导”师而不是“教”师，其在课程中发挥很大的作用。

第一，观察者。在幼儿园的蒙台梭利课程中，教师扮演的角色先是观察者，教师应该教得少而观察得多。教师观察的目的就在于了解孩子的发展和需要。所以教师在幼儿摆弄和操作物体的时间里，主要是了解幼儿的自由表现，观察他们的面部表情，观察他们对教具材料的兴趣及持续的时间，依此作出判断，及时给予幼儿指导或适当的刺激，为幼儿提供相应的材料、教具与适宜的环境，通过适当的引导促进幼儿的心理活动和身体的发展。

第二，示范者。在幼儿园的蒙台梭利课程中，由于教师在活动中很少直接传授知识，教师的示范作用就显得格外重要。如在幼儿自由选择、使用教具材料之前，教师就要为孩子示范教具的正确操作方法；再如，当幼儿模仿出现错误时，教师并不直接告诉孩子，而是再一次地示范或引导他们选择另一个新的教具。此外，教师要仪容整齐、清洁，仪态自然大方，态度要温和亲切。

第三，环境的提供者。幼儿是在吸收环境的过程中发展的，所以教师的重要作用之一，就是为幼儿提供适当有准备的环境，使幼儿在丰富的物质环境与良好的人文环境中健康自由地成长。

第四，支持者与沟通者。教师也是幼儿的支持者，虽然幼儿是通过吸收环境而达到自我发展的，但其中必须有教师的协助。离开了教师的支持，幼儿的发展是难以实现的。所以，当幼儿需要时，教师应随时出现在幼儿身边，成为孩子学习活动的支持者，此外，教师还必须时常与家庭、社区联络沟通，澄清父母的教育观念，使其与学校保持一致，以益于幼儿身心的成长。

（四）幼儿园的蒙台梭利课程的评价

蒙台梭利教育方案是至今仍影响较大的教育方案之一，之所以具有如此大的魅力，主要在于其重视儿童的内在需要，强调对儿童的尊重和信任，强调儿童个别化的学习，倡导教师耐心、细致的观察与指导。同时，又有完整成套的教具材料来具体实施，使儿童在操作的过程中主动学习，自我发展。然而，蒙台梭利课程方案毕竟是脱胎于智力残障儿童的训练方案，因而存在一定的局限性，具体表现在以下三个方面。

第一，孤立的感官训练。蒙台梭利课程强调孤立的训练各种感官，其设计的每一种感官教具均是针对一个特定感官的，要求儿童在接受不同的感官刺激时，将注意力集中在特定的感官上，通过对各种感官的“困难度孤立”的训练，发展儿童的感知能力。这是一种脱离现实生活也脱离实际的做法。世界上仅具有一种特性的事物几乎是不存在的，人在认知事物时，也总是把它当作一个整体而不是部分来反映的。从这个意义上而言，孤立的感官训练也许适合那些智力障碍的儿童，却不适合广大发展正常的儿童。

第二，对创造力的忽视。首先，蒙台梭利课程虽然强调在操作教具时给儿童自由，但这种自由只是选择教具和选择操作时间上的自由，儿童在操作教具的方法、规则上则没有自由。因为蒙台梭利教具的操作步骤和方法是固定的，儿童不能改变。儿童只能按照某种固定的步骤和方式不断地进行重复的练习，这十分不利于幼儿创造性的发展。其次，在蒙台梭利教育方案中缺乏最能发展儿童创造力的自由的艺术教育。在蒙氏教室中，虽然孩子也使用艺术教具，但已被指定在既定的目标上创作，只强调技巧及实体复制的做法，这也反映了蒙氏教育对创造力的忽视。

第三，缺乏增进社会互动与发展语言的机会。蒙台梭利课程强调个别化的学习，强调每个孩子依据自己的需要选择教具、材料，自己进行操作，自我发展，因而缺乏与同伴协商和合作的机会。这对儿童的社会交往技能和语言的发展显然是不利的。

幼儿园的蒙台梭利课程方案是建立在对幼儿天生的自发、自动、自我教育的信念上，教育就是把幼儿的这种内在潜能发掘出来，但是该方案在多年的实施中并未真正实现蒙台梭利的教育思想。关键的问题就在于：蒙台梭利课程主张幼儿的自由教育和自由发展，但却又要求幼儿按规则刻板地操作教具，给幼儿创设格式化的环境，这二者之间本身就是矛盾的。同时还要看到的是，后人在学习蒙台梭利教育方案时，往往机械地搬用其形式，而未真正领会其教育理念与精神。这些给予我们的启示即是任何课程的借鉴不在于形式上的相似，重要的是掌握其教育的精髓和方法论。

第三节　幼儿园课程组织与评价

一、幼儿园课程内容的组织

（一）幼儿园课程内容的组织形式

课程内容组织简称课程组织，是指在一定的教育价值观的指导下，将所选出的各种课程要素妥善地组织成课程结构，使各种课程要素在动态运行的课程结构系统中产生合力，以便有效地实现课程目标。此外，幼儿园课程内容的组织也围绕着这两种形式展开，即纵向组织形式与横向组织形式。

1. 幼儿园课程内容的纵向组织形式

由于人的身心发展有阶段性的序列，学科知识有逻辑演进的序列，所以，课程内容也有纵向组织的必要。课程组织不仅要关注内容的顺序，还应关注处理内容的心理过程的顺序。课程内容的纵向组织形式，主要是在各级教育中的学科课程中实施。可见，在幼儿园课程内容的组织形式方面，我们更多地使用横向组织形式。

2. 幼儿园课程内容的横向组织形式

生活原本就是整体的，幼儿的经验也是整体的，所以，横向地组织课程内容已经越来越成为时代的潮流。横向组织形式的标准是整合性。横向组织的整合性又体现在以下三个维度。

（1）幼儿经验的整合。每个幼儿的需要、兴趣、经验等都是一个独特的有着内在联系的统一体，这个统一体就是每一个幼儿的人格整体。在幼儿不断学习和发展的过程中，新学习的经验要与既有的经验在交互作用中不断整合起来，幼儿的经验由此不断生长，人格也不断完善。

（2）学科知识的整合。通过课程的横向组织，使不同的学科知识在差异得以尊重的前提下互相整合起来，消除学科之间彼此孤立甚至壁垒森严的对立局面，以使学科知识良性发展，使学习者的学习产生最大限度的累积效应。

（3）社会生活的整合。课程内容以社会生活的需要为中心整合起来，并将社会生活视为具有内在联系的整体。

（二）幼儿园课程内容的组织形态

幼儿园课程内容的组织形态可以分为以课程客体或间接经验为价值取向的学科课程与以课程主体或直接经验为价值取向的经验课程。

第一，在学科课程范畴内，还有分科与综合两种课程形态，其中学科综合课程又可分为相关课程、融合课程与广域课程三种形态。相关课程是指两种或两种以上学科既在一些主题或观点上相互联系起来，又保持各学科原来的相对独立。融合课程是将有关学科融合为一门新学科，融合之后原来学科之间的界限不复存在。广域课程是指能涵盖整个知识领域的课程整体，它在形式上与融合课程相同，它与融合课程的不同之处在于，在范围上，融合课程限于与学科有关的领域，而广域课程不仅包括与学科有关，而且人类的所有知识与认知领域都可以被整合起来。从目前的课程实践来看，学科综合一般都是指“相关”综合，“融合”综合与“广域”综合，无论在综合原理的研究方面还是在社会背景的利益平衡方面都还存在着众多障碍。

第二，在经验课程范畴内，又可分为按学生经验需要整合的经验课程与按社会生活经验需要整合的经验课程。

（三）幼儿园课程内容的组织类型

在我国目前的幼儿教育实践中，存在以下三种类型的课程组织。

（1）学科课程。学科类型的课程，既要明确不同学科的个性，又要明确不同学科之间的共性；以个性为前提，以共性为整合的条件，这些标准确实是较难达到的。当这些标准达不到时，这类课程就不具有结构性，也就失去了这类课程的实际价值。

（2）项目活动。项目活动是指以主题形式展开的一种经验课程，它是以过程模式为取向的课程典型。项目活动具有以下特点。

第一，过程取向的设计思路。过程取向的设计思路是针对目标取向而言的。以前我们所接触到的课程或活动设计方法，包括我们现在介绍的课程编制原理，都是以目标为切入口或起始点。

第二，直接经验的价值取向。项目活动包括五种结构性的活动形式。①团体讨论。指全班或小组，针对各种议题进行讨论并分享想法和经验。②实地考察。指走出教室进行现场参观、访问、调查，以获得第一手材料。③发表。让幼儿回顾与主题相关的个人经验，并将它表达出来。④探究。探究的方式有：可以访问自己的父母、校外的朋友；可以通过实地参观和访问“专家”（对幼儿而言，某行业的成人就是专家）的方式找到问题的答案；可以通过试验等方式来探讨与分析物品、材料或事物之间的关系；可以利用图书馆或其他渠道的书籍研究更深入的问题。⑤展示。通过布告栏、档案夹、表演等形式的展示，让每个幼儿与同伴分享自己的工作与设想；让家长、来访者了解幼儿园的教育工作状况。以上五种活动形式，都是直接经验范畴的，没有“教学”这种间接经验范畴的活动形式。

总而言之，过程取向的设计思路、直接经验、议题展开的生成性是项目活动的三个特性，只有在三者被同时体现出来时，才称之为项目活动。任何只是体现其中一部分，也只能是具有项目活动之形，而非具备项目活动之质的“项目活动”，也就不是项目活动。

（3）单元主题活动。项目活动是典型的单元主题活动，项目活动与单元主题活动的原本逻辑是从属关系，但这里想表述的却是并列关系。为了使这种并列逻辑成立，本书这样阐述：这里所指的单元主题活动是依目标模式编制的幼儿园课程，它是目标取向的、是预成性的、是带有东方思维特点的、极具中国特色的课程组织形态；而项目活动则是依过程模式编制的幼儿园课程，它是过程取向的、是生成性的、是带有西方思维特点的、极具西方特色的课程组织形态。

（四）幼儿园课程组织类型的评析

第一，对学科课程的评析。学科课程，无论是分科还是相关综合，遵循纵向组织的原理，讲究纵向组织的连续性与秩序性。这种课程组织形态的力量来自其纵向逻辑的结构，即学科知识（如果是分科，那就是本学科个性的知识；如果是综合，那就是相关学科个性保留的前提下的共性的知识）的由浅入深，知识中的概念、原理的层层推进，这是典型的以间接经验为价值取向的课程组织形态，是几千年世界文化遗产得以传承的内容，这种纵向逻辑的结构，是有利于人的发展的，在各种课程组织类型中一定会长期占有一席之地。

第二，对项目活动的评析。项目活动遵循横向组织原理，讲究横向组织的整合性。横向组织的整合性，抛开学科相关综合这一维度，另外还体现为两个维度：幼儿经验的整合、社会生活的整合。

无论是幼儿自己生活经验的整合，还是与幼儿有关的社会生活内容的整合，当进行课程组织时，都需要以一个主题为切入口。以主题为切入口的横向组织的课程，与纵向组织为主的学科课程是一对逻辑对立体。它们的对立之处是：主题切入的课程，其逻辑力量来自围绕主题进行的幼儿的一系列主体性的活动，这些横向联系的主体性的活动把新旧经验在交互作用中不断整合起来，并推动幼儿经验的生长、人格的完善；而学科课程，其逻辑力量来自纵向展开的学科系统，这种由浅入深、环环紧扣的知识结构，使幼儿原有的心理结构在不断同化新知识的过程中变化、发展。换句话说，主题切入的课程，以课程主体或幼儿的直接经验为观照的核心；而学科课程则以课程客体或文化知识如何被有效地接受为观照的核心。所以，以主题切入的课程，原则上说只有经验课程，才是合理的。因为主题消解了课程组织的纵向逻辑，其目的就是为了取向于课程主体。

由此可见，项目活动是典型的经验课程。经验课程的横向整合性、直接经验性、生成性等特征，项目活动把它们展现得很到位。从课程内容组织的主客关系上来看，学科课程与经验课程是一对矛盾的对立体，其中一方的价值是以另一方的存在来体现的。换言之，正因为学科课程的存在，经验课程才显现出它的魅力；也正因为有了经验课程，学科课程才有了它更准确的定位，这对矛盾的双方是互相依赖的，彼此以对方的存在为自己存在的保证。主体性教育是当代中国教育追求的理想。在现有的条件下，我们努力使幼儿的主体性得到发挥，但发挥幼儿的主体性还受许多因素的制约，如教育资料资源、教师质量、班级规模、师幼比例、社区资源等。

二、幼儿园课程评价的取向

幼儿园课程评价的取向是指每一种课程评价所体现的特定的价值观，它实际上是对课程评价的本质的集中概括，支配着评价的具体模式和操作状态。我们可以把幼儿园课程评价划分成三种取向：目标取向的评价、过程取向的评价、主体取向的评价。

第一，目标取向的评价。目标取向的评价是把评价视为教育结果与预定课程目标相对照的过程，也就是把课程评价看作对幼儿园课程目标实际达成程度的描述。在幼儿发展评价视界内，这种评价取向所采用的评价类型主要是“等级量表评价”。为了使评价结果“客观”“准确”，这种评价取向往往以行为目标的方式来陈述预定的课程目标，这种评价的直接目的是获得评价对象是否“达标”的数据。

第二，过程取向的评价。过程取向的评价试图使课程评价挣脱预定目标的藩篱，强调把教师与幼儿在课程开发、实施以及教学运行过程中的全部情况都纳入评价范围，强调评价者与具体评价情境的交互作用，主张凡是具有教育价值的结果，不论其是否与预定目标相符合，都应该受到评价的支持与肯定。这种取向的评价开始承认评价是一种价值判断过程，把人在课程开发、实施及教学运行过程中的具体表现作为评价的主要内容。在幼儿发展评价视界内，这种评价取向所采用的评价类型主要是“表现性评价”，这种评价的目的是给评价对象在具体情境中的合理表现予以支持与肯定，促进教育过程更具个性、创造性。过程取向的评价摆脱了目标取向评价的唯一性，强调对教育过程中的创造性、不确定性的尊重，关注人的高级心理过程，它是目标取向评价的强有力的补充。从解放主体的角度来看，它对个性差异的照顾还是不够。

第三，主体取向的评价。主体取向的评价认为，课程评价是评价者与被评价者、教师与幼儿共同建构意义的过程。在评价情境中，无论评价者还是被评价者，不论教师还是幼儿，都是平等的主体。在幼儿发展评价视界内，这种评价取向所采用的评价类型主要是“档案夹评价”。这种评价给予幼儿充分的空间去发挥人的主体性，倡导对评价情境的理解而不是控制，尊重与观照个性差异，培养幼儿的自我反省能力。主体取向评价，或主体性评价不是依赖外部力量的督促和控制，而是要求每一个主体对自身行为具有反省意识和能力。每个人的命运由自己主宰，但对他人又有责任和义务，所以主体是“自主”与“责任”的统一。

第三章　幼儿园教育教学活动设计

第一节　幼儿园教育活动的内容体系

幼儿园教育活动是教师与幼儿共同完成的活动，是实现幼儿全面发展的主要途径，也是实现幼儿园教育目标，组织传递一定的教育内容，以及落实幼儿园教育任务的手段。作为一名幼儿教师，应该了解各类教育活动，学会对各种教育活动进行设计与组织。

一、幼儿园教育活动的特点与类型

活动是人与客观世界建立联系的必要形式，活动在幼儿教育中具有极为重要的作用，这是由幼儿教育的功能和特点所决定的。幼儿在活动中发展，在活动中成长，离开了各种活动，幼儿的发展将无从谈起。幼儿园教育活动有广义与狭义之分：广义的幼儿园教育活动是指幼儿教育工作者为实现幼儿园的培养目标，在一日生活中所开展的一切活动的总和，包括生活活动、游戏活动、教学活动、交往活动、运动等；狭义的幼儿园教育活动是指幼儿教师在一定时间内专门组织的教育教学活动，主要有游戏和教学两大类，目前国内开展的各种主题教育活动或各领域教育活动均属于此范围。

幼儿园教育活动是“有目的、有计划”的教育活动，它是以促进幼儿的身心发展为目的的教育活动，受到诸多因素的制约，不是随心所欲的活动。我们必须根据各个幼儿发展的不同水平，统筹兼顾，全面考虑，这样才能促进每个幼儿在原有的基础上得到更进一步的发展。幼儿园教育活动是引导幼儿主动活动的过程。在幼儿园教育活动中，教师是活动的支持者、合作者、引导者，幼儿是活动的主体，教育活动必须激发幼儿参与的主动性、积极性，通过与材料和环境的互动，从而让其获得学习和发展。因此，教师要注意充分发挥幼儿的主体意识。幼儿园教育活动是多种形式的教育活动。幼儿的生理特点和心理特点决定了幼儿园的教育活动必须是丰富多彩的。可以在户外进行集体教学活动；也可以在室内从事结构较松散的区角游戏活动；还可以到超市等地方去参观各种日常用品，了解和接触社会活动。

（一）幼儿园教育活动的特征

幼儿园教育活动是一种具有教育价值的以游戏为主要形式的活动，具有生活性、整合性、启蒙性、趣味性等特点，其目的是促进幼儿健康、快乐地发展，为幼儿的终身教育奠定良好的基础。

1. 生活性特征

幼儿园一日生活是构成幼儿日常生活的重要组成部分，幼儿每天都会从各种必不可少的日常活动中潜移默化地掌握很多最基本的生活经验，锻炼独立生活的能力，发展德、智、体、美、劳等方面的素质。幼儿园教育活动内容的选择应遵循既贴近幼儿的生活来选择感兴趣的事物和问题，又有助于拓展幼儿的经验和视野的原则，幼儿园教育活动内容的组织应充分考虑幼儿的学习特点和认识规律，各领域的内容要有机联系，相互渗透，注重综合性、趣味性、活动性，寓教育于生活、游戏之中。

生活性特征先体现在幼儿园教育活动的内容方面，幼儿教师在组织教育活动时必须立足于幼儿的现有生活，关注幼儿的现实生活，在教育活动的内容选择上注重现有知识与幼儿的生活世界紧密结合，让幼儿学会在生活中运用所学的知识。只有基于幼儿生活的内容才是幼儿所熟悉的，对幼儿才具有意义和价值。生活性特点还体现在幼儿园教育活动的实施途径与环境互动方面。幼儿园教育活动的实施是渗透于幼儿一日生活之中的，幼儿园生活的各个环节都是贯彻和实施教育活动的有效途径。例如，既可以让幼儿在生活中关注数学问题，也可以让其走进大自然去体验风、雨的特征，还可以让幼儿到社会中去观察八角亭的独特魅力。

2. 整合性特征

幼儿园教育活动，是在充分协调多种教育资源、利用多种教育途径与形式、结合多个领域的内容、发挥多种因素影响的基础上而构成教育活动系统的。幼儿园教育活动内容的选择要考虑幼儿感兴趣的事物和问题，各领域的内容要有机联系，相互渗透，注重整合性，从不同角度、不同领域促进幼儿情感、态度、能力、知识、技能等方面的发展。幼儿认识万事万物具有整体性，那么我们教给幼儿的各种知识也应具有整合性。例如，对鞋的认识，可以让幼儿先观察自己的鞋、父母的鞋、不同季节的鞋、不同场合穿的鞋、不同职业的人穿的鞋，再深入了解不同的鞋的形状、颜色、材料、款式、大小等方面的区别，还可以收集古代人穿的鞋、不同民族的人穿的鞋的图片，设计未来人穿的鞋……在这个过程中，幼儿要进行观察、比较、提问、收集信息、讨论、合作、设计、交流等，这充分体现出幼儿知识经验形成过程中的整合性。

3. 启蒙性特征

幼儿园教育是最基础的教育，其教育内容、教育过程涉及幼儿生活中所接触到的最基本的知识。从幼儿的认识水平和年龄特点来看，幼儿所能接受的、理解的教育内容也是粗浅的、初步的、简单的，是能为其终身发展奠定基础的那些知识和技能，如10以内的加减法、常见的几何图形等。因此在教育过程中，幼儿教师不应严格强调幼儿要掌握知识内容的系统性和逻辑性，而更应注重激发幼儿对事物认识的兴趣，形成良好的学习态度和习惯。

4. 趣味性特征

爱玩是幼儿的天性，游戏是对幼儿进行全面发展教育的主要形式。教师要多开展各种各样的游戏活动，善于发现幼儿感兴趣的事物、游戏和偶发事件中所隐含的教育价值，把握时机，积极引导。在选择、组织、安排幼儿的活动时，无论在形式、方法和内容上，还是在过程中，都要注意其趣味性、游戏化的特点。例如：户外体育游戏“老猫睡觉醒不了”“找朋友”“切西瓜”等都是通过趣味游戏的方式训练幼儿的动作技能；幼儿初学绘画时通过“小鸡吃米”练习画点，通过“装糖球”练习画圆形等。

（二）幼儿园教育活动的类型

幼儿园教育活动可以从不同的角度来划分，有不同的活动类型。

1. 根据幼儿园教育活动的不同组织形式划分

根据幼儿园教育活动的不同组织形式，可以将幼儿园教育活动分成集体活动、小组活动和个别活动。集体活动是在教师的指导、带领下，全班孩子一起进行的有计划、有目的的活动。集体活动能在最短的时间内使更多的幼儿获得某些知识和能力；在有限的空间和时间里，利用有限的教育资源，尽可能促进所有幼儿在原有水平上共同发展。这样的活动虽然效率较高，但难以关注到每个幼儿的个性和差异。小组活动是指将一个班级分为两组或几组，每组由教师带领开展不同内容的活动，活动结束后，各小组再交换进行。分组活动能解决班级幼儿人数过多难以进行有针对性的教育的情况，使教师能更好地关注每个幼儿。事实上，小组活动是小型化的集体活动。个别活动是教师按照个别幼儿的特殊需要而开展的教育活动，可以是一个教师面对一两个幼儿进行指导，也可以是幼儿的自发、自由活动。个别活动关注了幼儿的个别需要，但因教师同一时间只能对某一个或几个幼儿进行指导，故效率不高。

2. 根据幼儿园教育活动的结构化程度划分

根据幼儿园教育活动的结构化程度分类，可以把幼儿园中的各种教育活动分为无结构活动、低结构化活动、高结构化活动、完全结构化活动。按照这种分类方法，游戏活动是无结构活动，以游戏活动为主的教育活动是低结构化活动，以教学活动为主的教育活动是高结构化活动，而完全由教师设计好的教学是完全结构化活动。

活动的目的在于活动本身，活动主要由幼儿发起或者完全由幼儿发起，在活动中幼儿处于主动地位，幼儿决定着时间、空间和材料的运用，以获得愉悦性体验，这样的活动属于低结构化活动或者无结构活动（即纯游戏活动），主要或者全部具有游戏化的特征；反之，活动的目的具有外显性、特定性，活动由教师发起，活动中教师处于主动地位，由教师决定时间、空间和材料的运用，幼儿获得了教师预设的知识和技能，这样的教育活动远离了游戏活动，更多的属于高结构化活动，或者教师主导的教学活动，即完全结构化活动。

3. 根据幼儿学习领域的不同划分

根据幼儿学习领域的性质不同，可以将幼儿园教育活动分为健康教育活动、语言教育活动、科学教育活动、社会教育活动、艺术教育活动五大领域活动。幼儿园的教育内容是全面的、启蒙性的，可以相对划分为健康、语言、社会、科学、艺术五个领域，也可做其他不同的划分。各领域的内容相互渗透，从不同的角度促进幼儿情感、态度、能力、知识、技能等方面的发展。

4. 根据幼儿园教育活动的特征划分

根据幼儿园教育活动的特征不同，可以把幼儿园教育活动分为生活活动、游戏活动、学习活动、运动等。

生活活动是指幼儿在幼儿园的一日生活，包括进餐、饮水、睡眠、如厕等，这些活动几乎占据了幼儿在幼儿园的一半时间，这也是幼儿教育与其他阶段的教育的主要区别之一。幼儿从早上入幼儿园就开始了其一日的生活。生活活动可以培养幼儿良好的生活习惯，如饭前便后要洗手，吃东西要细嚼慢咽等，同时也是培养幼儿社会性的主要途径，为教师进行个别教育提供了最佳时机。因此，教师要树立“一日生活即教育”的理念，根据幼儿的身心特点，建立合理的生活常规，逐步培养幼儿的生活自理能力，使其养成良好的生活习惯。

喜爱游戏是幼儿的天性，在幼儿园，游戏活动是基本活动，各种游戏可以促进幼儿的体力、智力、创造力、想象力、情感、语言、社会性、美感等诸多方面的发展。教师应根据幼儿不同的年龄特点、兴趣和需要，为幼儿开展多种形式的游戏活动，在游戏中丰富幼儿的经验，让幼儿在玩中学、学中玩。

学习活动是教师依据目标专门为幼儿设计并组织的活动，在促进幼儿的身心和谐全面发展方面具有非常重要的作用，是幼儿获得发展的重要依托。教师利用幼儿园中有利的环境、资源，有目的地选择教育内容，灵活运用多种活动形式，让幼儿积极参与其中，探索周围世界，从而获得相应的发展。学习活动主要包括五大领域的教学活动。

运动旨在提高幼儿的身体素质、心理素质、动作协调能力和适应环境的能力，为幼儿拥有健康的体质奠定基础，主要包括早操、体操、体育活动等。

二、幼儿园教育活动的目标与内容

目标是人们活动中欲达到的境地或标准，是活动的导向，幼儿园教育活动的目标指明了幼儿全面发展的方向，是活动的出发点和归宿，也是评价教育活动开展得好坏的重要依据。而内容是为实现目标服务的，是实现目标的载体和对象，适宜的内容能保障目标的落实。

（一）幼儿园教育活动的目标

1. 幼儿园教育活动的目标体系

教育活动由于其复杂性和长期性，其所要达到的目标包含多重内涵，有一定的层次性和递进性，因此有着不同层次的教育活动目标。从幼儿园保教总目标、幼儿园各领域目标，到幼儿园各年龄班目标及其学期目标，最后落实到幼儿园教育活动的具体目标，从概括到具体，从远目标到近目标，层层递进，共同构成了幼儿园教育活动的目标体系。

（1）幼儿园保教总目标。幼儿园的任务是贯彻国家的教育方针，按照保育与教育相结合的原则，遵循幼儿身心发展特点和规律，实施德、智、体、美等方面全面发展的教育，促进其身心和谐发展。幼儿园同时面向幼儿家长提供科学育儿指导。幼儿园保育和教育的主要目标是促进幼儿身体正常发育和机能的协调发展，增强体质，促进心理健康，培养良好的生活习惯、卫生习惯和参加体育活动的兴趣；发展幼儿智力，培养正确运用感官和运用语言交往的基本能力；增进对环境的认识，培养有益的兴趣和求知欲望；培养初步的动手探究能力；培养幼儿爱祖国、爱家乡、爱集体、爱劳动、爱科学的情感；培养诚实、自信、友爱、勇敢、勤学、好问、爱护公物、克服困难、讲礼貌、守纪律等良好的品德行为和习惯，以及活泼开朗的性格；培养幼儿初步感受美和表现美的情趣和能力。

幼儿园教育应当贯彻国家的教育方针，坚持保育和教育相结合的原则，对幼儿实施智、德、体、美等方面全面发展的教育，全面落实保育教育目标。幼儿园教育目标是教育目的和教育目标在幼儿园阶段的具体化，反映出幼儿园人才培养的规格和要求，对幼儿的全面发展提出了更具体的规范，表明了在教育影响下显现出的幼儿发展变化，全面指导着幼儿园教育教学工作。

（2）幼儿园各领域目标。幼儿园课程可以分为健康、社会、语言、科学与艺术五大领域，各领域有各自明确的目标。所以，幼儿园教育目标在教育实践中是通过五大领域具体目标的逐步落实而得以实现的。例如，幼儿园社会领域的目标包括：①能主动地参与各项活动，有自信心；②乐意与人交往，学习互助、合作和分享，有同情心；③理解并遵守日常生活中基本的社会行为规则；④能努力做好力所能及的事，不怕困难，有初步的责任感；⑤爱父母长辈、老师和同伴，爱集体、爱家乡、爱祖国。可见，幼儿园各领域的目标都比较注重发展幼儿的知识、技能（能力）、情感、态度、价值观等各个方面，比较全面而具体。所以，各领域的目标是依据幼儿园保教总目标而制定的，是对保教总目标的进一步具体化，对教育活动设计、具体教学过程的展开都具有指导作用。

（3）幼儿园各年龄班目标。由于不同年龄班的孩子身心发展的特点不同，故对每一个领域，各年龄班的目标要求是不同的。例如，以“健康”领域为例，小、中、大班的目标要求分别如下：

第一，小班“健康”领域的目标包括：①养成独立进餐的习惯，引导幼儿愿意吃各种食物；②独自、按时入睡，会脱简单衣物，并放在固定位置；③不害怕健康检查和各种健康接种；④外出时不离开成人，不接受陌生人的物品，不跟陌生人走；⑤具有初步的安全意识，户外活动时能注意安全，不将异物塞入耳、鼻、口里；⑥初步学习投、掷、钻、爬、攀登、平衡等动作；⑦学会上体直立、一个跟着一个走，能听信号走成圆圈；⑧能根据简单的口令或音乐较合拍地做模仿操和徒手操；⑨学会自然协调地跑，不与他人碰撞；⑩在活动后知道合作收拾整理小型体育运动器械。

第二，中班“健康”领域的目标包括：①知道五官的用处及简单的保护方法，有初步的健康意识；②愿意配合医务人员接受治疗；③知道一些基本的求助方法，有初步的自我保护意识；④积极参加体育活动，活动后能主动收拾整理小型体育运动器械；⑤认真完成动作要求，动作协调；⑥不怕困难，有初步的规则意识、竞争意识。

第三，大班“健康”领域的目标包括：①身体健康，在集体生活中情绪安定、愉快，乐意和老师、同伴交往；②知道必要的安全保健常识，密切结合日常生活接受安全、营养和保健教育，提高自我保护意识和能力；③生活、卫生习惯良好，有基本的生活自理能力，养成良好的饮食习惯，不挑食，有良好的个人卫生习惯；④注意个人和生活场所的卫生，会做简单的收拾、整理及清洁工作；⑤喜欢参加体育活动，动作协调、灵活，用自己感兴趣又安全的方式发展基本动作，学习基本体操，提高动作的协调性和灵活性；⑥了解身体的主要部位及基本的保护方法，了解简单的防病知识，知道通过讲卫生、开展运动来增强体质；⑦知道一些自我保护的常识，安全使用常用工具，学习简单的自救方法；⑧坚持参加体育锻炼活动，逐步提高对寒冷、炎热的适应能力，养成积极锻炼身体的习惯，基本动作灵敏、协调；⑨勇敢、坚强，有初步的合作意识和较强的竞争意识。

（4）幼儿园各年龄班学期目标。即使是同一年龄班，在不同的学期，各领域目标的要求也是不同的。以小班“美术”为例，上、下学期的目标具体如下：

小班上学期“美术”目标：①在成人的指导下，学习观察周围环境，对常见的、形象突出且色彩鲜明的事物感兴趣；②喜欢周围生活用品及环境中美的东西，尝试用语言、表情、动作表示对美好事物的喜爱、亲近之情；③愿意参加绘画活动，体验绘画活动的快乐，对绘画活动感兴趣，大胆涂鸦；④认识常用的笔、油画棒、水彩笔和纸等绘画工具和材料，掌握其基本使用方法，养成正确的握笔姿势和作画姿态，工具和材料摆放有序；⑤尝试用点（雨点、圆点等）、线条（直线、曲线、折线）和简单形态（圆形、方形等）表现日常生活中熟悉的、简单的物体特征；⑥对色彩有兴趣，能认识红、黄、蓝、绿和黑、白等常见的颜色，并愿意尝试选用自己喜爱的颜色作画，学习正确的涂色方法；⑦对手工活动感兴趣，愿意尝试各种手工工具和材料，养成良好的手工活动的习惯；⑧大胆玩泥，初步了解泥的性质、质地，尝试用简单的技能（搓、团）表现简单的立体物象；⑨会随意和有意识地撕纸，能撕出各种形状，并能自己命名；⑩对折纸活动有兴趣，能折出简单的形象；⑪初步使用糨糊粘贴，尝试用剪刀随意剪纸，知道安全使用剪刀的方法。

小班下学期“美术”目标：①在成人的引导下，继续学习观察周围环境，对常见的、形象突出且色彩鲜明的事物感兴趣。②愿意参加各种美术活动，感受故事、木偶剧、动画片和儿童剧中的美，尝试在游戏中借助角色、道具等表现自己对美的感受。③喜欢欣赏与自己的生活经验有关的、具有鲜明色彩和简单造型的物品和美术作品。尝试用语言、表情、动作表现对美的理解。④愿意参加美术欣赏活动，体验美术欣赏活动的快乐，并养成集中注意力欣赏的习惯。⑤愿意参加绘画活动，尽可能通过各种材料感受在不同材料上作画的乐趣，养成大胆作画的习惯。⑥继续学习用各种点、线条和简单形态表现感兴趣的内容。⑦尝试用多种颜色作画，愿意掌握正确的涂色方法，涂匀、涂满。⑧学习在画面的中心位置大胆安排主要形象。⑨继续积极参加手工活动，培养对手工活动的兴趣，能使用各种手工工具和材料，养成良好的手工活动的习惯。⑩掌握简单的泥塑技能（搓、团、压扁、捏合），按照自己的意愿塑造简单的立体形象。⑪能用纸撕、剪或用现成的图形以及自然材料粘贴组成简单画面，会正确安全地使用剪刀。⑫继续学习折纸方法（对边折、对角折），能折出简单的形象。

（5）幼儿园教育活动具体目标。不同年龄班在某学期的某一领域的目标还需要通过一系列具体的教育活动的设计和实施才能逐步完成，故此，不同年龄班学期目标还需要分解并落实到一个个具体的教育活动中去。教育活动的具体目标是幼儿园目标体系中最为具体的目标，也是教师在教育活动中最常设定的目标。

2. 幼儿园教育活动目标的制定要求

（1）要科学地分解教育目标。对新教师而言，分解教育目标，即将幼儿园总的教育目标层层分解为可执行、可操作的具体的活动目标，是不太容易的，因为他需要考虑各领域的目标，各年龄班幼儿的特点，还需要针对不同学期的幼儿发展水平来确定目标。这就需要教师在平时的工作中积累更多的经验，更认真地观察幼儿，方能制定出适宜的目标来。

（2）教育目标的内容要全面。无论哪一个层次的目标，一般包括幼儿全面发展的各个方面和每个方面的全部内容，需要涉及幼儿的德、智、体、美、劳诸方面，或者知识、技能、能力、态度、方法、情感、价值观等，而不应偏重某一方面忽视另一方面的发展，各方面都要涉及，要均衡发展。

（3）教育目标的实施要有连续性和一致性。教育目标的实现是一个长期的过程，需要分解为若干阶段来完成，每一阶段的目标要相互衔接，连贯统一，这既体现了目标的阶段性，也体现了目标的连续性。不同目标之间要协调一致，每一层目标都要成为实现下一目标的有效基础。

（4）要适时调整教育目标。教育目标是可以调整的，不管是学年目标、学期目标，还是月目标、周目标、具体活动的目标，均可以根据幼儿的变化、兴趣而适时调整，不应机械地固守已经制定好的目标。这需要教师有较强的教育机智，因势利导，抓住机会灵活地对幼儿进行教育，从而使幼儿不断地得到发展。

（二）幼儿园教育活动的内容

幼儿园教育活动的内容是为实现教育目标而要求幼儿学习、获得的知识、技能、能力、态度、行为、经验、价值观等的总和。内容是为目标服务的，教育目标是选择教育活动内容的依据，内容的选择和编排应以实现目标为原则，需要与目标保持一致。幼儿园教育活动内容不仅包括学科的知识和技能，还包括幼儿在学习过程中所形成的态度、价值观以及相应的行为方式。相互联系、协调有序的幼儿园教育活动内容是幼儿身心得到全面发展的保证，具体的教育内容是落实教育目标的载体，因此，将幼儿园教育内容进一步具体化，明确内容各组成部分之间的联系就为教学顺序的安排奠定了良好的基础，也为幼儿教师全面了解幼儿园教育内容做好了准备。

1. 幼儿园教育活动内容的类型

根据布卢姆的教育目标分类系统，可将教育目标分为“认知学习领域”的目标、“动作技能领域”的目标和“情感态度领域”的目标三个方面。相应地，教育活动的内容也可以分为认知类教育活动内容、动作技能类教育活动内容和情感态度类教育活动内容。

（1）认知类教育活动内容。幼儿园五大领域的教育活动，基本都涵盖了认知类的教育活动内容。例如，科学领域中教师拿出大小不同、颜色不一的圆形，让幼儿认识圆形，发现圆形的主要特征，就属于认知类的教育活动内容。

（2）动作技能类教育活动内容。动作技能类教育活动内容在幼儿园的体育活动和韵律、手工活动中表现得最为充分。例如，体育活动“青蛙捉害虫”，让幼儿练习双脚快速蹦跳，使幼儿在游戏中逐步掌握动作要领，培养各种动作技能。

（3）情感态度类教育活动内容。情感态度类教育活动内容往往与认知类、动作技能类的教育活动内容交织在一起，幼儿的某一情感态度的形成，不仅需要认知的参与，而且还要以相关的动作技能为基础。例如，幼儿园开展美术活动“送贺年卡”，不仅需要让幼儿了解贺年卡的来历、作用，欣赏各种贺年卡的样式，同时还要让幼儿自己设计制作贺年卡，写上祝福的话，送给自己最想送给的人。这个活动涵盖了情感态度、认知和动作技能三类教育活动的内容，三者有机结合，共同促进幼儿的全面发展。

2. 幼儿园教育活动内容的选择

（1）幼儿园教育活动的内容应符合教育目标的要求。幼儿教育最为主要的任务就是实现教育目的，而教育目的的实现必须依托一定的教育内容，教育内容作为教育目标的物质载体，其选择的好坏将会直接影响教育目标实现的程度。因此，幼儿教师在进行教育活动内容的选择时不能脱离具体的教育目标，必须根据目标的要求选择相适应的教育内容，不能只为教育内容的新颖性而忽略教育目标，只有符合教育目标的教育内容才是有价值的，教育内容要为教育目标的实现服务。

（2）幼儿园教育活动的内容应符合幼儿的兴趣。幼儿园教育要善于发现幼儿感兴趣的事物、游戏和偶发事件中所隐含的教育价值，把握时机，积极引导。幼儿的身心发展特点决定了他们的兴趣，而兴趣是支配他们学习的最大动力，只有感兴趣的事情，他们才会有参与的愿望，才会积极地投入活动中。因此，教师在选择教育活动的内容时必须考虑到幼儿的兴趣、特点，选择符合幼儿兴趣的教育内容，调动幼儿的内在动机，从而最大限度地帮助幼儿获得有益的经验。

(3) 幼儿园教育活动的内容应是适宜的。幼儿教师在选择教育活动内容时必须满足既适合幼儿的现有水平，又有一定的挑战性的原则，即强调教育活动内容的选择应考虑到幼儿的最近发展区。所谓最近发展区，指的是幼儿独立活动时所能达到的解决问题的水平与在成人帮助下能解决问题的水平之间的差距。在最近发展区里的内容对幼儿而言才是适宜的。由于各年龄阶段的幼儿在认知、情感、社会性等方面都具有自己独特的发展规律，这就要求我们在选择教育活动内容时既要考虑到幼儿已有的生活经验，又要从幼儿发展的角度出发，选择有利于幼儿自主建构的活动内容。

三、幼儿园教育活动的实施与评价

(一) 幼儿园主题教育活动的实施

幼儿园教育活动的开展通常由许多“主题教育活动”组成，并凭借一个个“主题教育活动”去落实，目前，单元主题活动已成为幼儿园教育活动中的主要形式，也是幼儿园教育活动中最常采用的实施形式。因此，这里主要探讨主题教育活动的实施。所谓主题教育活动，即单元主题活动，就是在或长或短的一段时间内，围绕事先选择的主题组织教育活动。主题教育活动旨在打破各学科之间的界限，围绕选定的主题，将各种内容有机联系在一起，这种活动加强了知识之间的横向联系，表示了一种不同的教育价值取向。

1. 幼儿园主题教育活动的设计

幼儿园主题教育活动是一种综合性的教育活动方式，设计的主题宜采用外展式，即不局限于某个领域的知识要件，而是围绕主题核心，从幼儿感兴趣的问题开始，向外扩展，对主题概念进行充分探讨，层层分解，直到具体的活动。与内聚式相比，外展式设计更为自然，知识或内容之间更为融合，主题所发挥的整体效应更好。

(1) 选择与确定主题。在主题活动中，主题起着统率作用，处于核心位置。因此，选择与确定合理的主题是开展主题活动的第一步。主题的选择需要考虑以下内容：一是主题是否为幼儿所喜欢，是否能引起幼儿的兴趣和满足他们的需要；二是主题蕴含了怎样的教育价值，它可能有助于达成哪些教育目标；三是主题覆盖了哪些教育内容，这些内容可能会引起幼儿哪些方面的学习，可以带给幼儿怎样的学习经验；四是主题可行性如何，主题所需要的材料是否容易获得；五是该主题与其他主题之间的关系如何，有无相关的经验进行衔接和连贯。在具体选择与确定主题的过程中，需要考虑以下影响因素。

第一，幼儿。幼儿的需要、兴趣、生活、已有经验等，是影响主题选择与确定的首要因素。教师可以通过谈话、观察、幼儿绘画等多种形式了解幼儿的需要、兴趣、生活已有的相关经验，并在此基础上，考虑可能的主题。

第二，主题自身特性。主题中蕴含的可能的教育价值、可能涵盖的教育内容，也是一个重要的影响因素，特别是在有几个主题可供选择的情况下，更是如此。

第三，教师。教师的特长、能力、知识储备等，也会在一定程度上影响主题的选择和确定。这些因素可以在外界影响下发生不同程度的变化，因此对主题选择与确定的影响不是决定性的，例如，知识储备这一因素可以通过学习、查阅相关资料等方式得以弥补。

第四，可以利用的教育资源。一定的教育资源是主题活动顺利开展的前提和基础，例如，必要的硬件设施、资料等。因此，在具体选择与确定主题的过程中，教师需要考虑这一主题的开展需要哪些教育资源，包括硬件和软件方面，目前可以利用的教育资源有哪些，缺少哪些，缺少的这些资源能否解决等。

第五，已经开展过的主题。主题活动内部的联系比较紧密，但主题与主题之间的联系相对比较松散与缺乏。幼儿园教育活动应该是一个整体，因此，在选择与确定主题的过程中，需要注意考虑已经开展过哪些主题，此主题与这些主题之间有哪些联系，包括活动内容、幼儿在活动中获得的经验等。此外，通过了解已经开展过的主题，有利于平衡幼儿园课程。

第六，学科知识主题活动中，虽然学科知识日益处于隐性地位，但这并不意味着学科知识可有可无。事实上，这种隐性地位可以帮助幼儿更好地体验知识的意义。因此，学科知识依然是主题活动需要关注的。在主题选择与确定的过程中，应主要考虑哪些学科知识是幼儿必须学习的，主题中可能蕴含着哪些学科知识、学习契机等。教师在综合考虑以上因素的基础上，就可以选择与确定将要开展的主题。

（2）建构主题网络。在主题教育活动中，主题网络的建立是其中最重要的环节。主题网络是课程展开的线索，是一种思维方式。主题网络是由许多与主题相关的下位概念编制而成的。尽管不同课程类型所采用的网络可能会有各自的特点，但它们都有一些共同的特征：一是围绕某个主题来进行，不能脱离这个主题；二是线索的辐射性，课程的展开线索均是从与主题密切相关的内容出发，向四周辐射，基本趋势是与核心主题渐行渐远；三是线索的稠密与主题的性质有关，不同性质的主题可能产生不同数量的线索；四是线索的纵深度或延续度不只受核心主题的影响，也受学习者和教育者经验的影响。因此，在主题网络的建构上，教师应该先寻找与主题密切相关的核心，再厘清展开线索及展开方式，根据学习者的经验选择适合的内容，从而建构完整的主题网络。可以使用头脑风暴、拉近技术、特殊化等策略。

第一，头脑风暴。围绕某一主题，如“兔子”，教师个人或与他人一起展开丰富的联想，充分调动相关知识经验，将头脑中出现的与主题“兔子”有关的东西写在事先准备好的小纸条上，如生活习性、外形、耳朵、嘴巴、腿、胡萝卜、一蹦一跳、兔肉、兔毛、声音、用途、胡须、狡兔三窟等。然后从中选出同类的，如耳朵、嘴巴、腿、胡须等，都属于外形。此时就可以用不同颜色的纸条或笔制作每一小组的标题，在此过程中如果发现同一组中的内容过多，则可以将这些内容再分成几个小组。最后可以在一张大纸的中央写上主题的名称，在主题周围画一些辐射状直线条与每一个小组的标题相连，而每一组的小标题再与这些小组的内容相连。在此过程中，如果又想起与主题相关的内容，还可以再加入，以进一步丰富主题网络。至此，一个主题网络就初步编制完成了。

第二，拉近技术。编制主题网络时还可以采用拉近技术，即放大主题网络中的某一内容，例如“兔子”主题网络中的“食物”“外形”等，使其成为一个新的主题网络。

第三，特殊化。特殊化策略是用来决定主题范围的一种技术。例如，兔子—动物—生物。

2. 幼儿园主题教育活动的保障

主题教育活动的顺利和有效开展，需要创造一定的条件来保障，因为幼儿正是在与这些丰富的环境的互动中建构起相应的关键经验和核心能力的，同时特定的主题也需要有与之相匹配的资源才可能使活动得到必要的支持。主题教育活动要与幼儿的一日生活有机结合。主题教育活动只有与幼儿的日常生活有机地结合起来，选择与日常生活密切相关的题材，活动的开展才能真正扎根在丰富的“土壤”中，获得充足的“营养”。因此，主题教育活动需要关注幼儿的一日生活，让幼儿在生活中学习，在游戏中学习，使生活与教育形成互补，更好地发挥其作用。按主题需要创设环境，主题教育活动是围绕主题教育的目标和内容要求而逐步展开的，环境作为一种行为产生的“容器”，是服从于主题需要的。在幼儿园里，教师一方面可以结合主题利用已有的环境，另一方面还可以根据主题创设新的环境，引导幼儿与其发生相互作用，从而获得发展。

（二）幼儿园教育活动的评价分析

“幼儿园教育活动的评价是指根据教育目标，与运用一切可行的评价手段，有目的、有计划、有步骤地对幼儿园所开展的各种教育活动的设计方案、实施过程和实施效果进行价值判断的活动过程，其目的是从结果和影响两个方面对教育活动给予价值上的确认，并引导教育活动朝着预期目标发展，以达到最终促进幼儿和教师发展之目的。"①

1. 幼儿园教育活动评价的原则

（1）科学性原则。幼儿园教育活动评价的科学性原则，要求在评价的实施过程中，评价者不能单凭主观经验或直观感受来评定和判断教师的教学水平或幼儿发展的能力，而必须采用科学合理的评价方法，运用有效的手段和工具来开展评价。首先，科学性原则体现在评价展开之前，教师应对评价的对象、内容以及评价的依据作认真的考虑，应当明确要评价的原因、会出现的问题、收集哪些信息和数据、采用哪些测量或评估手段、在哪些时间和地点进行评价、怎么解决这些问题等一系列问题，即充分做好评价的准备；其次，科学性原则还体现在评价的实施过程中，评价方法和手段要具有相当的科学化标准，便于评价者的合理操作和实施；最后，科学性原则还应当体现在评价者必须综合考虑教育活动中各相关因素间的相互关系和作用，从静态和动态两方面实施评价，既考虑量化的评价指标又体现对质性评价手段的运用。

（2）全面性原则。幼儿园教育活动评价的全面性原则，主要表现在以下三个方面。

第一，评价时收集信息的渠道要全面多样，不能片面强调某一种评价方式，更不能偏听偏信。评价者可以通过观察、记录、测验、访谈等多种方式对教育活动中的幼儿和教师进行评价，同时也应当把家长评价、幼儿自评作为获得评价信息的途径。只有这样，才能使评价工作更科学、更准确。如对某一教育活动效果的评价，不仅要听取领导或专家的意见，还要听取同行的意见，听取广大家长的意见，更要考查所评班幼儿的发展水平，收集方方面面的信息进行分析和归纳，最后作出恰当的评价。

第二，评价的内容应反映幼儿的整体发展水平，评价视角应全面而多向，防止只关注幼儿认知发展水平，忽视对幼儿的学习兴趣、态度、情感、交往、学习习惯、规则意识、适应能力等其他方面的评价和考查。

第三，评价的全面性原则还应体现在要全面、充分地反映教育活动目标，反对过分强调某些因素而忽视对其他因素的评价，避免因为评价的导向性而引起教育教学工作的偏颇。

（3）发展性原则。幼儿园教育活动评价的发展性原则，主要体现在两个方面：一方面，幼儿是否得到发展，教师是否得到发展，幼儿园是否得到发展，是幼儿园教育活动评价唯一的标准。幼儿园教育活动评价的根本目的就是促进幼儿、教师、幼儿园的发展，特别是幼儿的健康发展。只有用发展的观点对待存在个体差异的评价对象，确定评价对象在

①吴志勤，王文乔. 幼儿园教育活动设计与组织［M］. 重庆：西南大学出版社，2019：31.

同类评价对象中的地位，才能促进评价对象的发展。另一方面，评价的过程是一个动态的过程，通过信息的交流、反馈，对评价指标、方法、过程不断调整、改进、完善，评价自身也会不断完善发展，以发挥其最大功效。

（4）定量和定性评价相结合原则。幼儿园教育活动的定量评价是对活动过程和结果从量的方面进行分析，通过数量化的说明对所评价的现象作出解释，如对幼儿智力发展的评价，就常用数量化的智力商数来表示。定性评价是对活动过程和结果从质的方面进行分析评价，是通过对现象进行质的深层次的描述来作出评价，如对教师教学责任心的评价，就要从质的角度去考查和评价。数量和质量是一个事物的两方面，既没有离开数量的质量，也没有离开质量的数量。所以在教育活动评价中，要将定量分析和定性分析结合起来，取长补短，才能使评价更全面、更科学，发挥其最佳的评价作用。

（5）评价与指导相结合原则。评价是按照一定的标准对被评价对象已完成的行为作出判断，评价的结果可以使被评价对象受到启发和教育，从而学有榜样，赶超有方向，或吸取教训，引以为戒。如评出一个好的教育活动，可以提供给其他教师学习，甚至可以进行宣传推广。若一个教育活动被判断为失败，也可以使该教师明确自己失败在何处，从而重新研究，争取成功。要使先进更先进，后进赶先进，就需要将评价和指导工作结合起来。指导是评价的继续和发展，它把评价的结果上升到一定的理论高度加以认识，并根据评价对象所具有的主客观条件，从实际出发，帮助评价对象掌握自身在今后一个时期内发展的方向，扬长避短，争取更大的进步。在幼儿园教育活动的评价中，有对哪些问题的评价，就有对哪些问题的指导，从评价到指导，从指导再到评价，循环往复，是提高教育活动质量的有力保证，也是一个必需的过程。

2. 幼儿园教育活动评价的内容

（1）对教师“教”的评价。幼儿园教育活动是由教师、幼儿和教育活动的目标、内容、组织形式、环境等诸多要素构成的，而其中幼儿与教师是两个紧密联系、互为主体且不断相互作用的要素。因此，评价幼儿的学习方式也就是评价教师的教学方式，即评价教师的教育活动设计是否有利于幼儿学习方式的开展，教师设置的教学内容、采用的组织方式、创设的环境是否能调动幼儿学习的积极性，是否更有利于促进幼儿主动、有效地学习等。在一定程度上，一个富有实效的教育活动同样也是通过教师“有效地教”来体现的。

第一，教育活动目标的评价。目标是教育活动的起始环节，规定了教育活动预期要达到的某种效果，是教育活动的内容选择、方法运用、效果评价的依据和准则，因此，教育活动的目标必须要有针对性，要符合该班幼儿的年龄特点和实际发展水平，根据幼儿整体、个体的不同发展需要，充分考虑到幼儿的普遍性和差异性，体现因材施教，并贴近幼儿的最近发展区。教育活动的目标还必须要有操作性，具体、明确、可操作、有指向，以便于教师和评价者的观察、鉴定和评价。教育活动的目标更要有整合性，能促进幼儿全面和谐地发展。这种整合性首先表现在一个领域的目标可以在多个领域或活动中体现，如语言领域的发展目标可以在社会或艺术、科学领域活动目标中体现；同时还表现在一个领域的活动中可以包含多个领域的发展目标，如在以语言领域为主的活动中也包含有社会领域的目标。

第二，教育活动内容的评价。幼儿园教育活动内容，首先，要适宜，有效。适宜是指为幼儿选择的内容是处于最近发展区里的内容，其难易程度需要符合幼儿的年龄特点和认知水平；有效是指内容为幼儿所喜欢，能更快更好地使幼儿获得知识经验。其次，要多元，整合。教师对教育内容的设计安排需要体现将各领域的关键经验进行有机的、自然的整合，同时亦体现将某些发展领域中的内容围绕某个主线，结合其他领域整合到某一个主题中。这种各领域彼此之间的整合在内容上是有内在关联并有逻辑主线贯穿的，是一种自然而有效的整合。最后，教育活动的内容还要具有自然性和开放性。在“回归自然”“回归生活”的大背景下，强调活动内容与幼儿多方面的经验相结合，使新知识、新概念的形成建立在幼儿现实生活的基础上，同时强调将幼儿现实生活中的内容演绎为教育活动的内容，从而引发幼儿愉快地、主动地、创造性地、有效地学习。

第三，教育活动方法的评价。对教育活动方法的评价主要看教师在教育活动方法、手段及情境创设的设计上是否体现了幼儿的年龄特点，活动方式是否足够考虑了幼儿学习方式上的差异、是否能促进幼儿在已有水平上的有效学习，教师的教学形式是否适宜于教学内容，活动中教师的提问是否有效等。一句话，即主要看教育活动方法是否适宜、有效。常见的教学方法有游戏法、情境法、模仿法、谈话法、操作法、故事法、发现法、探究法、展示交流法等。首先，要看教师是否充分了解每种教学方法的特点、功能、局限性、与幼儿年龄特点的相宜程度，并能在此基础上进行合理、灵活而优化的使用；其次，要看教师在运用教学方法时，是否能使幼儿主动探究、亲身感受与体验，将已有经验与新的认知进行碰撞，进而推动幼儿的自主建构；最后，还要看教师所采用的教学方法能否有利于提升幼儿的经验，使幼儿获得更快的发展。

第四，对环境材料创设的评价。在幼儿园教育活动设计与指导中，环境材料的创设和利用既是满足幼儿探索、操作和合作交往等活动的基础条件，也是保证教学方法充分发挥有效价值的重要前提。教师对活动环境和材料的创设和提供，首先，必须要与活动的目标定位、内容主题相适宜；其次，还需要这些环境和材料能在发展幼儿认知、情感、个性、社会性等方面具有启发性；最后，材料的丰富性和多样性也是不可忽视的，尤其是随着现代化教育手段和多媒体课件的广泛运用，教师应尽可能地调动多种资源和布置环境，更多样地设计和使用环境与材料。

（2）对幼儿“学”的评价。从关注教师的“教”到关注幼儿的“学”，不得不说这是一个进步，对幼儿的“学”进行评价，主要涉及以下六方面的内容。

第一，幼儿对教育活动的参与度。主要评价在教育活动的过程中，幼儿注意力的集中程度；在学习、探索以及表达中，幼儿表现出的积极性、自主性、能动性等。

第二，幼儿的情感态度。主要评价幼儿在教育活动过程中的情绪状态，包括在活动中表现出来的学习态度、情感语言、动作等。

第三，幼儿在教育活动中的互动程度。主要涉及对幼儿在教育活动过程中与他人（其他幼儿和教师）互动交流状况的评价，包括活动中与他人的合作交流与互动次数、形式、性质以及有效性等。

第四，幼儿在教育活动中的能力。主要评价教育活动中幼儿在能力发展水平上的表现和反应，包括活动中的语言表达能力，敢于提问、经验迁移、分析判断等思维能力，动手操作能力以及创造性表达能力等。

第五，幼儿的学习方式。主要评价幼儿在教育活动中所表现出来的学习风格，以及采用的倾向性学习方式和策略，包括其学习方式的多样性、个别性、独特性程度和表现等。

第六，幼儿的学习习惯。主要评价教育活动中幼儿对学习、探索活动的坚持性，克服困难的勇气和毅力，善于倾听他人、接纳他人意见以及与他人友好合作、交流协商等方面。

3. 幼儿园教育活动评价的方式

（1）形成性评价和总结性评价。形成性评价也叫过程评价，是通过对幼儿学习进展情况的评价，进而影响学习过程的一种评价模式。这种评价主要反映在教育活动的持续进行过程中，通过了解、鉴定教育活动的进展及时地获取调节或改进活动的依据，以提高教育活动的实效。它是伴随着活动的进程而贯穿始终的一种动态性评价，能获取的评价信息量大、范围广。形成性评价通过观察幼儿具有典型意义的行为表现，或积累一定的幼儿作品，了解和获取幼儿在活动中的发展状况和信息，以帮助教师及时地调整教育活动策略，并为进一步满足幼儿的学习需要，支持其深入学习与探究提供依据。总结性评价也叫结果评价，是指在完成某个教育活动或某个单元性、阶段性活动之后进行的总结和评定，它与目标的达成程度紧密相关，通常是在教育活动之后实施的一种评价，它注重的是结果。

（2）定性评价和定量评价。定性评价是评价者用语言文字作为收集和分析评价资料，呈现评价结果的一种评价方式。定性评价来自社会学和人类学的传统，强调对现象的描述、解释和归纳，具有人文主义的价值判断倾向。定量评价是评价者收集评价对象的数量性的实证信息，用数量化指标来显示评价结果的一种评价方式。定量评价来自自然科学和心理学的实验传统，强调实证的求知方法，以评价结果为焦点，力求精确地测量资料，强调评价的可靠性和推断性，具有科学主义的价值判断倾向。

（3）内部评价和外部评价。所谓内部评价，是指参与主体进行的自我评价，如学习主体对自我的认识和评价，教学主体对自我教学工作的评价等。在幼儿园教育活动实践中，教师作为评价者，根据一定的价值判断和评价标准对自己教学活动所进行的自我反思和评价是相当重要的。对教师而言，对自己教学活动的分析与反思，这种自我评价是一种内在的行为，能更有效地促进其专业发展。所谓外部评价，是指评价主体独立于评价对象之外所实施的一种他人评价。一般而言，外部评价者可以是幼儿园管理者、上级教育行政组织的管理者、同行教师、幼儿家长，甚至可以是幼儿。

第二节　幼儿园语言教育活动及开展

幼儿园语言教育活动是以幼儿为主体，以语言为客体的一种有目的、有计划的多种形式的活动过程。幼儿园语言教育活动是实现语言教育目标的有效途径，是组织和传递语言教育内容的实施环节，也是落实语言教育任务的具体手段。

一、幼儿园语言教育活动目标与内容

（一）幼儿园语言教育活动目标

1. 幼儿园语言教育活动的分类目标

在幼儿园语言教育领域内，最常见的是谈话活动、讲述活动、听说游戏活动、文学作品学习活动、早期阅读活动五种类型的语言教育活动。每一种类型的语言教育活动均有其相应的活动目标。

（1）谈话活动的目标。谈话活动是培养幼儿在一定范围内运用语言与他人进行交流的语言教育活动类型，其目标主要有：①帮助幼儿学会倾听他人的谈话，逐步掌握主要的倾听技能；②帮助幼儿学习围绕一定的话题谈话，充分表达个人见解，培养幼儿的口语表达能力；③帮助幼儿学习运用语言进行交流的基本规则，提高幼儿的语言交往水平。

（2）讲述活动的目标。讲述活动需要幼儿用连贯、完整的语言讲述某一事物，以培养

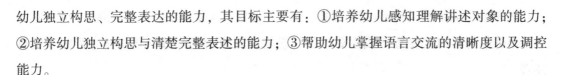

幼儿独立构思、完整表达的能力，其目标主要有：①培养幼儿感知理解讲述对象的能力；②培养幼儿独立构思与清楚完整表述的能力；③帮助幼儿掌握语言交流的清晰度以及调控能力。

（3）听说游戏活动的目标。听说游戏是采用游戏的方式开展的语言教育活动，其目标主要有：①帮助幼儿按照一定规则进行口语表达练习；②提高幼儿倾听的水平；③培养在语言交往中的机智性和灵活性，锻炼幼儿迅速领悟语言规则的能力，快速调动个人已有的语言经验编码的能力，以及快速以符合规则的方式来表达的能力。

（4）文学作品学习活动的目标。文学作品学习活动是通过欣赏文学作品来学习书面语言的语言教育活动，其目标主要有：①要求幼儿积极参加文学作品学习活动，乐意欣赏文学作品，知道文学作品有童话故事、诗歌和散文等多种体裁；②帮助幼儿感受文学作品的语言美，培养他们对书面语言的敏感性；③要求幼儿理解文学作品的内容，学习用语言和非语言的表现方式表达自己对某部文学作品的理解；④要求幼儿根据文学作品所提供的线索，进行创造性想象，并用口头语言表达自己的经验和想象。

（5）早期阅读活动的目标。幼儿园的早期阅读活动，是帮助幼儿学习书面语言的教育过程，其目标主要有：①提高幼儿学习书面语言的兴趣；②帮助幼儿初步认识书面语言和口头语言的对应关系，懂得书面语言学习的重要性；③帮助幼儿掌握早期阅读的初步技能。

2. 幼儿园语言教育活动的年龄阶段目标

（1）谈话活动的年龄阶段目标。

第一，小班谈话活动的目标包括：①学会安静地听同伴说话，不随便插嘴；②喜欢与同伴交谈，愿意在集体面前讲话；③能听懂并愿意说普通话；④在教师的引导下，学习围绕主题谈话，能用短句表达自己的意思；⑤初步学习常见的交往语言和礼貌用语。

第二，中班谈话活动的目标包括：①能集中注意力，耐心地倾听别人谈话，不打断别人的话；②乐意与同伴交流，能大方地在集体面前说话；③能说普通话，比较连贯地表达自己的意思；④学会围绕一定的话题谈话，不跑题；⑤学会用轮流的方式谈话，不抢着讲，不乱插嘴；⑥继续学习交往语言，提高语言交往的能力。

第三，大班谈话活动的目标包括：①能主动、积极、专注地倾听别人谈话，迅速掌握别人谈话的主要内容，并从中获取有用的信息；②能主动地用普通话与同伴交流，态度自然大方；③能围绕话题谈话，会用轮流的方式交谈，并能用恰当的语言表达自己的情感，与同伴分享感受；④逐步学习用修补的方法延续谈话，进一步提高语言交际水平。

（2）讲述活动的年龄阶段目标。

第一，小班讲述活动的目标包括：①有兴趣地运用各种感官，按照要求去感知讲述内容；②理解内容简单、特征鲜明的实物、图片和情景；③愿意在集体面前讲述；④能正确地说出讲述内容的主要特征或主要事件；⑤能安静地听老师或同伴讲述，眼睛注视讲述者。

第二，中班讲述活动的目标包括：①养成先仔细观察、后表达讲述的习惯；②逐步学会理解图片和情景中展示的事件顺序；③能主动地在集体面前讲述，声音响亮，句式完整；④学习按照一定的顺序讲述实物、图片和情景的内容；⑤能积极倾听别人的讲述内容，发现异同，并从中学习好的讲述方法。

第三，大班讲述活动的目标包括：①通过观察，理解图片、情景中蕴含的主要人物关系和思想情感倾向；②有重点地讲述实物、图片和情景，突出讲述的中心内容；③在集体面前讲话状态自然大方，能根据场合的需要调节自己讲述的音量和语速；④讲述时语言表达流畅，用词用句较为准确。

（3）听说游戏活动的年龄阶段目标。

第一，小班听说游戏活动的目标包括：①乐于参加游戏活动，在游戏中大胆地说话；②发准某些难发的音，初步掌握方位词及人称代词，学习正确运用动词；③在游戏中尝试按照规则运用简单句说话；④养成在集体活动中倾听别人讲话的习惯，能听懂并理解较简单的语言游戏规则。

第二，中班听说游戏活动的目标包括：①在游戏中巩固练习发音，正确运用代词、方位词、副词、动词、连词和介词等；②能说简单而完整的合成句；③能听懂并理解多重游戏规则；④学习较为迅速地领悟游戏中的语言规则并能及时作出相应的反应。

第三，大班听说游戏活动的目标包括：①在游戏中学习正确运用反义词、量词和连词等，并能说出完整的合成句；②养成积极倾听的习惯，迅速把握和理解游戏中较复杂的多重指令；③不断提高幼儿倾听的精确程度，准确掌握和传递有细微差别的信息；④在游戏中按照规则迅速调动个人已有语言经验编码，并迅速地进行语言表达。

（4）文学作品学习活动的年龄阶段目标。

第一，小班文学作品学习活动的目标包括：①喜欢欣赏文学作品，愿意参加文学活动，对文学作品的语言感兴趣；②能初步感受文学作品的语言美，知道童话故事、诗歌和散文是不同体裁的文学作品；③学习理解文学作品的情节内容或画面情景，能用语言、动作、表情等方式表达自己对文学作品的理解；④在文学作品原有基础上扩展想象，仿编诗歌、散文中的句式或续编故事结尾。

第二，中班文学作品学习活动的目标包括：①喜欢欣赏不同形式的文学作品，主动积极地参加文学活动；②知道文学作品语言与日常生活语言的不同，进一步感受文学作品的

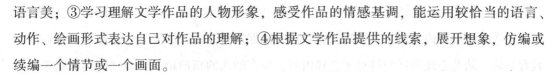

语言美；③学习理解文学作品的人物形象，感受作品的情感基调，能运用较恰当的语言、动作、绘画形式表达自己对作品的理解；④根据文学作品提供的线索，展开想象，仿编或续编一个情节或一个画面。

第三，大班文学作品学习活动的目标包括：①乐意欣赏不同体裁、不同风格的文学作品，在文学活动中积累文学语言，并尝试在适当场合运用；②在理解文学作品人物、情节或画面情景的基础上，学习理解作品的主题或感受作品的情感脉络；③初步感知文学作品语言和结构的艺术表现特点，开始接触文学作品的艺术语言构成方式；④依据文学作品提供的线索想象，联系个人已有经验发挥想象，并创造性地进行表述。

（5）早期阅读活动的年龄阶段目标。

第一，小班阅读活动的目标包括：①喜欢看书，知道看书的基本方法，能初步看懂单幅儿童图画书的主要内容；②能用口头语言将儿童图画书的主要内容说出来，开始感觉语言和其他符号的转换关系；③对文字感兴趣，能在成人的启发下认读最简单的文字；④在活动中以描画图形的方式练习基本笔画。

第二，中班阅读活动的目标包括：①能仔细观察图画书中画面的人物细节，看懂单页多幅的儿童图画书的内容，增强预知故事情节发展和结局的能力；②懂得爱护图书，知道图书的构成，有兴趣模仿制作图画、图书；③在阅读过程中初步了解汉字的由来和简单汉字的认读的规律，并有主动探索汉字的愿望；④喜欢描画图形，尝试用有趣的方式练习汉字的基本笔画。

第三，大班阅读活动的目标包括：①能与同伴合作制作图画书，进一步了解图画书的构成；②知道图画书画面与文字的对应关系，有兴趣阅读图画书中的简单文字；③积极学认常见的汉字，进一步了解汉字认读的规律，提高观察摹写的能力，并注意在生活中运用以获得的书面语言；④掌握基本的书写姿势，在有趣的图形练习中做好写字的准备。

（二）幼儿园语言教育活动内容

幼儿园语言教育活动的内容，可以分为专门的语言教育活动内容和渗透的语言教育活动内容两大类。

1. 幼儿园专门的语言教育活动内容

幼儿园专门的语言教育活动内容，是为幼儿提供与语言进行充分互动的环境，使他们有机会对日常生活中获得的零碎语言进行经验提炼和深化，达到对语言规则的理解和有意识地运用，专门的语言教育活动内容是根据既定的语言教育目标，通过有计划地安排和组织幼儿系统学习语言的专门语言教育活动来呈现的，是实现语言教育目标的重要手段，是将教育目标转化为幼儿语言发展的中间环节，也是语言教育活动设计和组织的主要依据。要想使选择的教育内容能真正体现教育目标，能促进幼儿语言的发展，教师需要根据语言教育目标、幼儿心理发展的特点来选择内容，要在幼儿的新旧语言经验之间建立联系。在幼儿园中，专门的语言教育活动内容分别蕴藏在谈话活动、讲述活动、听说游戏活动、文学作品学习活动和早期阅读活动这些形式之中。

（1）幼儿园的谈话活动。幼儿园的谈话活动，是帮助幼儿学习运用口头语言与他人进行交谈的活动，从培养幼儿语言交流能力的角度出发，谈话活动为幼儿创设的是一种特别的语言情境。在各种类型的幼儿园语言教育活动中，谈话活动具有独特的促进幼儿语言发展的功能。近年来有关儿童语言发展的研究，尤其是对儿童语言运用能力发展的研究，使人们逐渐认识到，谈话活动是幼儿园语言教育活动中不可缺少的一种类型。人并不是生来就会谈话的，作为人们运用语言与他人交流的最为基本的方式，谈话需要参与者具有共同的有关语言表述的认识、态度、情感和能力，并且在运用语言表达时分享共同的规则。幼儿在语言发展过程中，逐渐学习获得各种口头语言的能力，当他们来到幼儿园的时候，虽然已经具有了一定的语言表达能力，但是他们与人交谈的行为显然还是处于刚刚萌生的阶段。幼儿园的谈话活动着重培养幼儿这个方面的语言运用能力。根据一定的语言教育理论、一定的语言教育目标和内容，将一部分语言教育任务付诸实践，对幼儿运用口语与他人交流的能力发展产生影响。谈话活动能激发幼儿与他人交谈的兴趣，帮助幼儿习得谈话的基本规则，增强幼儿通过交流获取信息的能力，并且引导幼儿关注周围的生活，促进幼儿建立良好的同伴关系。

（2）幼儿园的讲述活动。讲述活动是幼儿园语言教育的重要方式：已有的研究认为，讲述活动是发展幼儿独白语言的有效方式，对幼儿言语的目的性、独立性、创造性和连贯性，对幼儿的思维、记忆、想象等方面都有很好的促进作用。幼儿园的讲述活动为幼儿创设了一个相对正式的语言运用场合，要求幼儿依据一定的凭借物，使用比较规范的语言来表达个人对某事、某物或者某人的认识。讲述活动对培养幼儿的语言表达能力具有特别的作用。讲述活动能有效地提高幼儿语言水平，同时对幼儿的认知、社会化发展等也产生良好的影响，可以培养幼儿的讲述能力，锻炼幼儿独白语言的发展，教给幼儿认识事物的方法并发展幼儿思维和想象能力。讲述活动按编码特点可以分为叙事性讲述、描述性讲述、说明性讲述和议论性讲述四种，依据凭借物的特点可以分为看图讲述、实物讲述和情境表演讲述等。

（3）幼儿园的听说游戏活动。一提起“游戏”，人们便不由自主地想起“娃娃家”“沙箱”等，听说游戏显然与此有较大的区别。它不是幼儿自发组织的游戏，而是由教师设计组织的、幼儿有兴趣自愿参加的教学游戏。它也并非语言游戏，而是语言教学游戏，是由教师设计组织，有明确的语言学习指向目标，有明确的语义内容，以培养幼儿倾听和表述能力为主，主要集中在幼儿听和说的理解和表达上，是为培养幼儿倾听和表述能力而专门设计，用游戏形式组织的语言教育活动。

（4）幼儿园的文学作品学习活动。喜欢文学作品是幼儿的一种天性，他们对童话、故事和儿歌充满浓厚的兴趣。然而，念一首儿歌或听一个故事，对幼儿而言并不是简单的学习，文学作品对幼儿发展所产生的潜移默化的作用，远远超过我们已有的认识。文学作品的学习活动是从文学作品入手，围绕作品开展，常常整合与其相关的其他学科内容的教学活动。它使幼儿有更多的机会了解某一文学作品中表现的社会生活内容，促进他们对作品的感知理解。幼儿发展是他们自己与外界环境相互作用而建构起来的，并且需要通过自身的操作活动与外界环境相互作用实现幼儿的语言发展，也是通过个体与外界环境中各种语言和非语言信息交互作用逐步实现的。因而，幼儿园的文学作品学习活动应当着重引导幼儿积极地与文学作品相互作用，在这一过程中，幼儿通过多种操作活动得到发展。

（5）幼儿园的早期阅读活动。幼儿的早期阅读是幼儿接触书面语言的主要途径，能使幼儿通过接触书面语言获得与书面语言有关的态度、期望、情感和行为，培养幼儿认识世界的基本能力，发展其终身学习的能力。通过早期阅读，可以扩大幼儿的生活、学习范围，建立初步的“读写”自信心，帮助幼儿了解书面语言的特点和功能，为正式的阅读做准备，并提高幼儿自我调适的能力，同时能让幼儿体会分享阅读的乐趣。总而言之，幼儿的早期阅读不仅可以帮助他们从书面语言中获得正确的知识、态度和技能，而且有利于幼儿借助符号，如文字、手势、在纸上创造的符号、泥捏的物品等来表达他们的经历、情感和想法，可以帮助幼儿超越时空去创造虚幻的世界。

2. 幼儿园渗透的语言教育活动内容

幼儿园渗透的语言教育活动内容，就是充分利用幼儿的各种生活和学习经验，在真实的生活情景中为幼儿提供更加广泛的、多样的学习语言的机会，使幼儿更好地运用语言，获得新的生活经验和其他方面的学习经验。渗透的语言教育活动内容既可以使幼儿更好地习得语言，也可以促进幼儿在日常生活、游戏和其他学习活动中的语言交往。渗透的语言教育活动内容的核心是促进幼儿与教师、同伴之间的有效语言交流。所以，从某种意义上说，渗透的语言教育活动内容更加重要。渗透的语言教育活动内容通常出现在以下几种情景之中。

（1）日常生活中的语言交往。语言是日常生活中建立良好人际关系的工具，可以起到指导和调节人际关系的作用。从幼儿语言学习的内容来看，日常生活中的语言交往，可以帮助幼儿学习在不同场合运用恰当的语言形式进行表述和交流，同时，又将社会文化习俗的学习与语言的学习结合在一起。渗透在幼儿日常生活中的语言交往可以帮助幼儿学会运用礼貌用语与他人交往，运用语言向他人表达自己的需要和要求，对他人提出的要求作出恰当的应答，能运用恰当的语言解决与同伴之间发生的矛盾，并倾听、理解和执行生活规范以及成人的指令性语言。

（2）自由游戏中的语言交往。在自由游戏中，语言成为幼儿与同伴进行交往、合作、分享的工具，也成为指导和调节幼儿自身选择游戏内容、游戏伙伴和游戏材料等行为的工具。渗透在自由游戏中的语言教育可以帮助幼儿学习运用玩具，结合动作自言自语，进行自娱或自我练习，自主选择游戏的内容、伙伴、材料等，通过协商等语言方式，解决与同伴在游戏内容、材料的选择以及游戏规则的制定过程中出现的矛盾。

（3）其他领域所开展的教育活动。在其他领域活动中，语言也是幼儿学习的工具，发挥着重要的作用。在参与其他领域活动中，例如，数学学习或者音乐活动时，语言交往有利于幼儿正确感知和理解学习内容，增强幼儿对学习内容的认识和表达能力，增加其学习的有意性和目的性。渗透在其他领域活动中的语言教育可以帮助幼儿集中注意力，倾听教师布置的活动任务，学习运用语言指导观察和操作并思考事物之间的相互关系，指导其针对观察对象的感受和认识，理解语言与其他活动内容之间相互的关系，学习运用语言促进相关领域知识的掌握和能力的提高，提高学习的效率。

（4）随机渗透在日常生活中的语言学习。随机渗透在日常生活中的语言学习主要是指教师充分利用各种生活环节，给幼儿提供自由宽松的环境，鼓励幼儿积极进行语言交流，增加练习听、说和读的基本技能的机会，培养对语言和文字的兴趣，得到语言和文学的熏陶。例如，在饭前、饭后让幼儿倾听他们学过的优美的散文、诗歌、故事等文学作品，在午睡起床或其他环节让幼儿按照一定的规则进行语言操作游戏等。

二、幼儿园语言教育活动路径与方法

（一）幼儿园语言教育活动路径

幼儿园语言教育可以通过多种路径来进行，凡是有语言参与的活动都可以对幼儿进行语言教育。幼儿园语言教育的主要路径有：通过日常生活与游戏进行语言教育，通过专门的语言教育活动进行语言教育，以及其他领域中进行随机语言渗透教育等。

1．通过日常生活与游戏进行语言教育

（1）在日常交往中指导幼儿学习语言。首先，成人可以通过日常交往了解幼儿语言发展的现状。在非常自然的情境中，幼儿往往很真实地表现自己的语言实际水平以及语言表达的态度和行为习惯。其次，成人可以在交往中为孩子提供语言示范，丰富幼儿的词汇。成人可以与幼儿交谈，向他们介绍各种有关物品的相关知识，如名称、外形、颜色、用途和使用方法等。在介绍这些生活常识的过程中，成人也在向幼儿展示相关的词汇和句式。最后，成人可以在帮助幼儿建立生活常规的过程中，提高幼儿理解语言并按语言指令行动的能力。通常成人通过语言指令来组织幼儿的日常生活，如临近用餐时间，教师便要求幼儿收拾玩具，盥洗后安静地等待进餐。为了使幼儿明确这些语言指令的含义，最初应把这些指令与相应的行动结合起来。总而言之，成人要抓住与幼儿日常交往的有利时机，为幼儿提供良好的语言示范，并在交往过程中观察和了解幼儿的语言发展状况，给予幼儿有针对性的指导。

（2）通过常规主题活动发展幼儿的语言。这里的常规主题活动主要是幼儿园组织幼儿定期参加的，围绕某个话题开展的语言活动。目前，各托幼机构常进行的语言常规主题活动主要有以下三种类型。

第一，天气预报员。每天早晨来园之后、早操之前这段时间，教师可以请一名幼儿向全班幼儿预报当日的天气情况。天气预报员可以由值日生轮流担任，也可以由教师指定。为提高幼儿对此活动的兴趣，丰富幼儿的语言内容，教师还可以启发幼儿根据当日气温和特殊的天气状况，结合自己的生活经验进行讲述。

第二，周末趣闻。周末趣闻这项内容通常安排在每周一上午，可以请幼儿从双休日的经历中选出最有趣或最有意义的事进行讲述，可以在集体中讲述，也可以让幼儿与老师或同伴自由交谈。

第三，小小广播站。由于小小广播站这项活动综合性比较强，对幼儿口语表达能力要求比较高，因此，多在幼儿园大班开展。但广播站的某些节目也可以在中班或小班组织收听，其内容主要有：报告午餐菜谱、表演文娱节目、介绍新闻、好人好事、新书或玩具介绍、知识问答、文学作品欣赏等。

（3）通过区域活动发展幼儿的语言。

第一，利用图书角和语言角进行语言教育。幼儿园如果有条件，可以为幼儿设立一个“小小图书馆”，随时向幼儿开放。幼儿可以根据其现阶段的兴趣以及各领域学习的需要，去看书或借书。这不仅可以从小培养幼儿对书籍的兴趣，而且可以培养幼儿利用图书资料查询收集信息的能力。我国幼儿园比较常见的做法是在幼儿园各班开设图书角。语言角的主要作用是让幼儿练习口语表达。可以在语言角准备一些图片或剪贴用具，旧的儿童画报，以便幼儿练习讲述，或边制作边讲述。例如，有些班级还在语言角投放一些识字图片或填图游戏卡，准备一些书写工具，以便有兴趣的幼儿认读汉字或练习拿笔写字等。

第二，在活动区活动中随机指导幼儿的语言交往。活动区的设立为幼儿自主选择游戏内容提供了多种可能性，同时也增加了幼儿之间的交往机会。此外，幼儿在活动区活动时，常常一边摆弄各种玩具物品，一边与同伴自由交谈。教师要鼓励幼儿与同伴之间的谈话，并利用巡回指导的机会引导幼儿扩展谈话内容。

2. 通过专门的语言教育活动进行教育

（1）谈话活动。

第一，谈话活动设计的基本步骤。

一是创设谈话情境，引出谈话话题。这是谈话活动的第一步。教师在谈话活动的开头，通过一定的情境，激发幼儿的兴趣，启发幼儿对话题有关经验的联想，打开谈话的思路，做好谈话的准备，其目的在于引出谈话话题，使幼儿在活动之初就能被吸引到活动中来，从而激发幼儿表达交流的欲望。要想创设适当的谈话情境，教师应当注意以下三个方面。

首先，要注意创设谈话情境的方式。教师可以用实物的方式来创设情境，可以利用活动角的布置、墙饰、桌面玩具、实物摆设等，向幼儿提供与谈话主题相关的可视形象，激发并开启幼儿谈话的兴趣与思路；教师可以用语言的方式来创设情境，可通过自己说一段话或提一些问题来唤起幼儿的记忆，调动他们的经验，以便进入话题中去；教师还可以用游戏或表演的形式创设谈话情境，可以先让幼儿做一个与主题相关的游戏来引起幼儿的兴趣，为下一步的谈话奠定良好的基础。

其次，要注意创设的情境与谈话话题之间的关系。谈话情境的创设是为引出话题服务的，所以与谈话内容无关的摆设尽量不要出现在情境之中，过于热闹以致喧宾夺主的现象也要避免。谈话的情境创设应尽可能简单明了，以便直接开展下一个步骤。

最后，要注意时间的分配。教师要知道，创设情境是切入主题的“助手”，所以时间分配上不宜占用过多，一般3~5分钟即可。

二是引导幼儿围绕话题运用已有经验自由交谈。提出话题之后，教师接下来就要向幼儿提供围绕话题自由交谈的机会，目的在于调动幼儿个体对谈话话题的知识储备，运用已有谈话经验相互交流个体见解，因此，教师需要注意以下四个方面。

首先，教师应当放手让幼儿围绕话题自由交谈。只要幼儿是围绕中心话题进行交谈即可，幼儿可以一对一，或分小组自由交谈，允许幼儿表达任何和话题有关的想法和观点，不必过多地干涉幼儿的行为，也不需要给幼儿做过多的提示和示范。

其次，鼓励每个幼儿都能积极参与谈话，真正形成多向交流，幼儿可以两两交谈，也可以分组交谈，还可以集体交谈，或与教师交谈，这样的形式更有利于发挥每个幼儿的积极性，使谈话气氛更融洽。

再次，在自由交谈的活动中，教师可以适当增加幼儿展示“动作”的机会。谈话虽是口头语言操作，是动脑的操作，但如果能适当增加一些其他方式的操作活动，则更有利于激发幼儿的兴趣，增进他们说话的积极性。例如，大班谈话活动“我家的房子”的结束环节，可以让幼儿画一画自己家的房子或者自己梦想中的房子等。

最后，教师要注意幼儿的个别差异。有些幼儿的语言表达能力较差，在谈话活动中，他们更多地表现出光听不说的现象，因此，教师应将这部分幼儿安排在语言表达能力较强的幼儿旁边，让他们互相学习，互相促进。同时，教师还可以有意识地倾听这些幼儿的谈话，给予适当的鼓励和评价，以增强他们的自信心。

三是引导幼儿逐步拓展谈话范围。幼儿运用已有经验充分交谈后，教师要适时地引导幼儿逐步拓展谈话的范围，向幼儿展示并帮助他们学习运用新的谈话经验，使幼儿的谈话水平进一步提高，这一步骤是谈话活动的重点和核心。一般而言，中心话题是沿着这样的顺序拓展的：对话题对象的描述—由此形成的基本态度—会有这种态度的原因—对话题对象的独特感受。例如，大班谈话活动“我喜爱的图书”，教师设计的中心话题拓展顺序应是：幼儿从描述图书的种类、喜爱哪类图书，到喜爱的原因，最后可谈谈自己对图书的独特感受，或畅想一下未来图书的样子等。

第二，谈话活动的指导要点。

幼儿教师需要针对谈话活动的特点和目标对不同的幼儿进行及时指导，其指导要点主要有以下四个方面。

一是教师在设计和组织谈话活动时，应该丰富谈话活动的类型，需要把主题谈话、漫谈、讨论或辩论等各种类型的谈话活动都涉及。从组织形式上看，还有集体谈话、小组谈话、二人对话等。

二是谈话的气氛一定要轻松，鼓励踊跃发言的幼儿，激发沉默寡言的幼儿，不嘲笑说错话的幼儿。

三是教师要选择贴近幼儿生活实际并符合其兴趣中心的话题来开展谈话活动，因为只有这样，谈话活动才能引起幼儿交谈的兴趣。

四是教师在幼儿交谈时要认真倾听，及时参与进去，适时传递新词，以帮助幼儿完整、准确地表达。

（2）讲述活动。讲述活动是帮助幼儿学习运用比较规范的语言讲述某一事物的活动，它以培养幼儿独立构思的能力，使幼儿学会清楚、完整、连贯地讲述某一事物的能力为基本目的。这对发展幼儿的独白语言，提高幼儿的语言水平具有独特的作用。

第一，讲述活动设计的基本步骤。

一是，感知、理解讲述对象。感知、理解讲述对象，主要通过观察的途径来进行。这里所说的观察，大部分是通过视觉来获取信息，但也不排斥从其他感觉通道，包括听觉、触觉、味觉、嗅觉等去获得认识。例如，大班讲述活动“生日愿望”，先让幼儿听一听、唱一唱生日快乐歌；中班讲述活动“我摸到的是……”开始环节，教师把手感、质地、形状不同的物体放入筐内，蒙上布，让幼儿来触摸，边触摸边描述物品的形状、特征。教师在这一步骤中的重点是指导幼儿观察、感知、理解讲述的对象，为讲述奠定认识上的基础。指导幼儿感知、理解讲述对象应把握以下三个方面。

首先，根据讲述类型的特点感知、理解讲述对象。如叙事性讲述，应重点感知、理解事件发生的过程顺序以及人物在其中的作用；描述性讲述，观察重点在物体的形态和人物的状态动作、特征等方面。只有从这样的角度把握对象，才能为讲述做好准备。

其次，依据凭借物的特点感知、理解讲述对象。讲述活动中的凭借物是多种多样的，有的是几幅平面的相互有关系的画面，有的是立体的固定的实物，也有的是活动的连续动作的情境，还有的是听觉信息组成的活动情境等。教师在指导幼儿感知、理解讲述对象时，应抓住这类讲述对象的特点去组织讲述活动的过程。

最后，依据具体化的要求理解、感知讲述对象。每一次活动的目标都是不一样的，有的要求有中心、有重点地讲述，有的要求按照一定的顺序讲述。教师的任务是根据活动的具体要求指导幼儿观察，以便为讲述奠定基础。

二是运用已有经验自由讲述。在幼儿感知、理解讲述对象的前提下，教师引导幼儿运用已有经验进行讲述。这一步骤的活动组织，要求教师尽量放开让幼儿自由讲述，给他们充分的时间、机会，运用他们已有的经验进行讲述。教师要改变几个人讲多数人听的被动、单调局面，运用幼儿个别讲述、分小组讲述、集体讲述等多种方式，以提高幼儿参与讲述的积极性，了解每一个幼儿的讲述水平。

三是引进新的讲述经验。经过前两个步骤的铺垫，教师可以根据本次活动目标的要求，为幼儿引进新的讲述经验。引进新的讲述经验的方式主要有三种：①教师示范新的讲述经验；②教师通过提示引出新的讲述经验；③教师与幼儿一起讨论新的讲述经验。新的讲述经验是每次讲述活动的学习重点，主要包括讲述的思路、讲述的全面性和讲述的方法等。

讲述的思路：教师在示范新的讲述经验时，很重要的一点就是帮助幼儿厘清讲述的思路，使整个讲述的顺序性、条理性得到增强。帮助幼儿理顺讲述的思路是非常重要的，这可以帮助幼儿将讲述的基本内容表达出来，避免重大事件和重要人物漏讲、少讲的现象发生。

讲述的全面性：在讲述中，教师要帮助幼儿认识到讲述的基本要素：人物（动作、对话、心理活动）、时间、地点和事件的起因、经过、结果等。幼儿在讲述中往往会忽视地点、人物对话和内心感受的内容，因此教师要让幼儿意识到这部分内容并将它们准确地表达出来，力求讲述的全面性。

讲述的方法：讲述的基本方式是观察等。除了按照观察顺序进行观察外，还要把握讲述对象的哪些部分是重点内容，要多讲；哪些部分是次要内容，可以少讲。在实物讲述中，要教给幼儿按照一定的顺序进行讲述的方法。此外，在有些活动中还可以用示范法、提问法、讨论法和评议法等引导幼儿的讲述思路。

四是，巩固和迁移新经验。讲述活动中，巩固和迁移新的讲述经验为幼儿提供了实际操作新经验的机会，不但会使幼儿的讲述水平得到提高，而且会使幼儿在不知不觉中学会创造的方法，体验创造的乐趣，具体做法有以下三个方面。

首先，由 A 及 B。当幼儿学习了一种新的讲述经验后，教师立即提供同类不同内容的机会，让幼儿用新的讲 A 的思路去讲述 B。例如，在实物讲述活动“剪刀”后，幼儿学会了由外形特征到用途的讲述方法，在此基础上教师可以将“剪刀”变为“尺子”，引导幼儿用同样的讲述方法进行讲述。

其次，由 A1 及 A。在教师示范新的讲述经验并帮助幼儿厘清思路后，让幼儿尝试用新的讲述方式来讲同一件事、同一情景。例如，看图讲述中，幼儿先尝试按自己的观察顺序讲述图片的内容，在教师示范新的观察顺序后，让幼儿尝试用由近及远的方式来讲述同样的图片内容。

最后，由 A 及 A1。在教师示范过新的拼图和讲述经验之后，进一步要求幼儿自己拼图添画后再进行讲述。例如，拼图讲述“小动物的家”，教师添加小鱼和池塘后，示范新的讲述经验，再要求幼儿自己拼图添画，然后讲述。

第二，讲述活动的指导要点。

幼儿教师需要针对讲述活动的特点和目标对不同的幼儿进行及时指导，其指导要点主要有以下四个方面。

一是在幼儿自由讲述前，需交代清楚讲述的要求，提醒幼儿围绕感知、理解的讲述对象进行讲述。

二是在幼儿自由讲述过程中，要注意倾听幼儿讲述的内容，及时发现幼儿讲述的闪光点及存在的问题。

三是在活动过程中，不要过多地点评好坏，不要急于告诉幼儿应该怎么讲，而是要注意倾听，最多以插问、提问、反问等方式启发幼儿讲述，以免干扰幼儿的正常思维，降低幼儿讲述的积极性。

四是在讲述活动中，要培养幼儿按一定顺序进行讲述的能力，如从上到下、从左到右、从近到远、从表面到内在进行讲述，帮助幼儿学会清楚、有条理地讲述。

（3）听说游戏活动。听说游戏是指用游戏的方式组织进行的语言教育活动。其活动的目标在于培养幼儿的倾听和表述能力，其活动内容在于听和说的理解和表达方面。听说游戏由教师专门设计组织，故有明确的语言学习目标和具体的语言学习内容，因而不同于一般的游戏，而属于语言教学游戏的一种。这种游戏是为培养幼儿的听说能力而专门设计的，故称“听说游戏”。

第一，听说游戏设计的基本步骤。

一是创设游戏情境。在听说游戏开始时，教师需要运用一些手段去设置游戏情境，引发幼儿参与游戏的兴趣。创设游戏情境一般有三种方式：①用物品创设游戏情境。教师使用一些与听说主题有关的物品，如玩具、日用品等，布置游戏的情境，营造游戏的氛围，引导幼儿进入游戏。②用动作创设游戏情境。教师用动作表演，让幼儿想象游戏的角色或游戏所发生的场景，进而产生游戏情境的气氛。③用语言创设游戏情境。教师通过自己所说的话，直接描述或指出游戏中的角色以及所处的环境。

二是，交代游戏规则。在创设游戏情境后，教师接着要向幼儿交代游戏的规则，这一步骤的目的是通过教师布置任务，讲解要求，让幼儿明确游戏的玩法。教师通过讲解和示范相结合的方式，引导幼儿理解游戏规则，教师在交代游戏规则时，要注意以下三个方面。

首先，用简洁明了的语言讲解。在交代游戏规则时，切忌啰唆、冗长的解释，以免幼儿抓不住要领，不能及时领悟和理解游戏的规则，影响游戏的进程。

其次，要讲清楚听说游戏的规则要点和游戏的开展顺序。听说游戏的规则要点一般是游戏中幼儿要按照规则说话，教师应当让幼儿基本明白说的内容和怎样说，以便他们能在参与游戏时付诸实施。同时，要帮助幼儿清楚地理解游戏开展的顺序，这样他们才能顺利地开展活动。

最后，教师用较慢的语速进行讲解和示范。教师在交代游戏规则时语速要适当放慢。尤其是针对游戏规则回答问题或说词句时，一定要保证让幼儿听清楚，也可重复一遍，因为这种语言带有示范的性质。

三是教师引导幼儿游戏。在幼儿初步理解游戏规则的基础上，教师可以带领幼儿开展游戏。教师引导幼儿游戏有两种方式：①让一部分幼儿先参与游戏，另一部分幼儿观察，然后轮换；②教师带领全体幼儿参与游戏。在游戏刚开始时，教师要引导幼儿一起游戏，以有利于幼儿在活动过程中熟悉游戏规则，进一步明确和掌握游戏的玩法，掌握在游戏中运用语言交往的基本思路，从而为独立开展听说游戏做好充分的准备。

四是幼儿自主游戏。通过前面三个步骤的活动，幼儿已经熟悉和掌握了游戏的规则和玩法，具备独自开展听说游戏的基础了，这时，教师就可以从领导者的身份退出，放手让幼儿自己开展活动。此时，教师处于旁观者的地位。在观察幼儿游戏时，教师要巡回指导，注意对个别不熟悉规则的幼儿提供帮助。同时，教师要注意发现幼儿在游戏中可能出现的矛盾与纠纷，并及时予以解决。

幼儿自主游戏的活动形式可以根据每个游戏的具体要求而灵活选择。有的以集体活动的形式进行游戏，全班幼儿都可参加；有的以小组形式开展游戏，幼儿可以自由组合，选择合适的场地进行游戏；有的可以一对一结伴进行游戏。采用何种形式取决于何种形式能让幼儿参与活动可以取得最佳效果而定。

第二，听说游戏的指导要点。

幼儿教师需要针对听说游戏活动的特点和目标对不同的幼儿进行及时的指导，其指导要点主要有以下四个方面。

一是开始部分创设的游戏情境要自然、简洁、生动、准确，但不能喧宾夺主，更不能脱离主题。一般不要单一使用某一种创设情境的方式，而是应综合运用多种方式，以吸引幼儿的参与兴趣。

二是教师在讲解游戏规则和要求时语速要慢，以保证每个幼儿都能听清楚，特别是那些需要模仿的词句，必要的情况下可以多重复几遍，也可采用提问的方法帮助幼儿理解游戏规则的语言要求。

三是教师在引导幼儿游戏的环节，先是主导游戏，然后逐渐减少自己在游戏中的作用，激发幼儿主动参与游戏的兴趣。对小班的幼儿，教师以担任主要角色的方式直接参与游戏，游戏开始时，请个别能力强的幼儿和教师共同游戏以起到示范作用，等到大家对游戏都很熟悉的时候，逐步过渡到全体幼儿参与。到中班、大班，以教师讲解玩法和规则，请能力强的幼儿示范为主，教师可慢慢退出游戏的范围，以隐性指导为主。

四是在幼儿自主游戏时，教师要观察游戏的进程，随时提供帮助，及时发现游戏中出现的问题，通过隐性的方式引导幼儿自主解决。尽量减少和避免强行控制、禁止、批评等否定性言行，要多用赞许、鼓励、肯定等激励性的指导方式。

（4）文学作品学习活动。念一首儿歌或听一个故事，对幼儿而言并不是简单的学习，文学作品对幼儿发展所产生的潜移默化的作用，有着远远超过我们已有认识的意义。

第一，文学作品学习活动设计的基本步骤。

一是创设情境为引出文学作品做铺垫。在理解文学作品之前，教师应为幼儿创设一个良好的可发挥他们文学想象的语境和空间，为幼儿准确理解文学作品做好铺垫。教师可以利用三种方式创设。①言语创设，教师通过生动有趣的解说，以其特有的语言魅力感染幼儿，并结合图片、幻灯片等将他们带入一个充满幻想的神奇的文学宫殿。②用提问创设。在介绍文学作品前，教师先通过一些问题让幼儿动脑筋思考，然后将幼儿的答案与作品中的答案作对比，以调动幼儿对文学作品的期望和兴趣。③借助美术、音乐等艺术手段，布置一个安静、和谐、优美的环境，为下一步理解和欣赏文学作品打好坚实的基础。

二是理解、体验文学作品。当幼儿进入文学意境中后，教师就可向幼儿介绍要学习的文学作品，帮助幼儿理解和体验作品的人物特色、主要情节，进而体验作品中人物形象的心理特点，以及贯穿作品始终的情感基调和作品中所蕴含的文学意境之美。理解、体验文学作品可以分为两个阶段：第一个阶段，初步理解文学作品的人物、主要情节和主要意思，运用提问和图片、幻灯片、录像、电脑课件等方法，使幼儿对作品有一个初步的概念和认识；第二个阶段，深入理解文学作品，主要是理解作品的主要特色、作品的语言美及作品中所体现出的情感特征。教师可运用音乐、绘画、折纸等形式或让幼儿亲自表演游戏的方法，以帮助幼儿深入理解作品的独特魅力，激发幼儿对作品的深刻感知和情感共鸣。

三是运用想象进行创造性的仿编或创编。当幼儿深入理解文学作品后，教师就可以让幼儿在原作品的基础上，结合自己的感性经验，调动自己的想象力和创造力，进行仿编、创编或故事续编等创造性的文学活动。通过这样的活动，培养幼儿对语言艺术的敏感性，增强幼儿的艺术思维能力和激发幼儿的创造潜能。

第二，对文学作品学习活动的指导要点。

教师需要针对文学活动的特点和目标对不同的幼儿进行及时的指导，其指导要点主要有以下三个方面。

一是开始部分的指导。开始阶段的目的是创设一个美好的情境，为幼儿理解文学作品做好铺垫。因此，花在这个阶段上的时间不能太长，这就要求教师把握好分寸，事先要做精心的准备和计划，既要为幼儿营造一个美好的文学意境，又不能将文学作品的时间抢占去，喧宾夺主。创设情境的方法对不同年龄的幼儿来讲，应有所区别。小班幼儿思维直观性强，教师可用语言结合图片、幻灯片、电脑课件的方式带领他们进入文学的意境中；中班、大班幼儿的思维能力有了很大的发展，因此教师可以用提问、音乐提示的方法，幼儿在积极的动脑思考中进入作品所描绘的世界。

二是，理解、体验作品时的指导。教师应将指导的重点放在理解、体验文学作品上。教师在指导这个过程时要将重点固定在怎样全面、深刻地帮助幼儿理解、体验作品上，引导幼儿学习如何欣赏一个文学作品，而不是用几个问题让幼儿草草地理解作品，之后就让他们朗读、背诵或复述作品。在深入理解文学作品的阶段中，游戏法等方法的使用要符合该作品本身的特点。在理解文学作品的过程中，运用游戏法、表演等是为了更好地引导幼儿深入理解文学作品，而不仅使活动形式花样繁多，因此，教师要清楚地认识到各种方法和手段要达到怎样的目的。

三是幼儿进行仿编、创编或续编时的指导。无论是仿编、创编还是续编故事，教师都要鼓励幼儿积极地动脑想象、思考，并欣赏幼儿的思考和他们的与众不同。在评议中，教师要把重点放在对内容的评议上，鼓励每个幼儿都有自己的独特见解和看法。指导中注意因人施教，对不同的幼儿应有不同的要求，对能力弱的幼儿能大胆地仿编句子，教师就要给予及时的表扬；而对能力较强的幼儿，教师要引导他们仿编或创编出较难的内容，以使所有的幼儿都能得到不同程度的发展。

（5）早期阅读活动。早期阅读是幼儿语言学习的一个不可缺少的部分，对促进幼儿语言发展具有重要的作用。

第一，早期阅读活动的内容。

从幼儿园早期阅读活动的目标出发，其内容包括为幼儿提供三个方面的阅读经验，即前图书阅读经验、前识字经验和前书写经验。所谓的“前”是与那种正式的、大量的、系统的书面语言学习有根本区别的，它主要是为这些正式的语言学习奠定良好基础，并做好相应的准备。

一是前图书阅读经验。图书是书面语言的载体，对幼儿而言，他们阅读的图书至少应是由文字和绘画两种符号系统构成的。幼儿要学会看图书，需要学习一些具体的行为经验：翻阅图画书的经验，即掌握一般的翻图画书的规则、方式；读懂图画书内容的经验，即会看画面，能从中发现人物表情、动作、背景，并将之串联起来理解故事情节；理解图书画面、文字与口语有对应关系的经验，即会用口语讲出画面内容，或听爸妈念图画书，知道是在讲故事的内容；图画书制作的经验，即知道图画书所说的故事是作家用文字写出来的，画家又用图画表现出来，最后印刷装订成书的。

二是前识字经验。向孩子提供的前识字经验主要有以下几方面的具体内容：①知道文字有具体的意义，可以念出声音来；②可以把文字、口语与概念对应起来；③理解文字功能作用的经验，如可以将自己想说的话写成文字形式的信，寄给别人；④粗晓文字来源的经验，初步理解文字是怎样产生的，文字是如何演变成今天的样子的；⑤知道文字是一种符号并与其他符号系统可转换的经验；⑥认识各种交通标志，知道这种标志代表一定的意思，人们看到就会明白；⑦知道文字和语言的多样性经验，认识到世界上还有其他的语言和文字，同样的意思可以用不同的语言和文字来表达；⑧理解识字规律的经验，幼儿明白了这些规律，就可以更好地识字。

三是前书写经验。学前幼儿不要求学习写字，但可以获得一些有关汉字书写的信息，为其进入小学后正式学习书写做好准备，其中包括：①让幼儿知道汉字的基本结构，包括培养幼儿对文字的观察、分析、比较和分类能力；②了解书写的最初步规则，学习按照规则写字，尝试用有趣的方式练习基本笔画；③知道书写汉字的工具，学会不同的握笔方法；④学会用正确的书写姿势写字，包括坐姿、握笔姿势等。

第二，早期阅读活动设计的基本步骤。

一是阅读前的准备活动。幼儿不可能仅靠一次阅读活动就理解一本书。因此，在正式阅读活动开展的前一两周，有必要让幼儿先阅读图书，为正式阅读活动的开展奠定基础。在这个阶段，教师指导时应注意：①阅读前的准备性活动并不能代替正式阅读活动，它只是为正式阅读所做的铺垫。因此，幼儿只需对阅读内容有一个大概的理解就可以，而不必过于熟悉，以防幼儿在正式阅读时失去兴趣，影响正式阅读活动的开展。②准备活动中，可以让幼儿从头到尾翻看图书一至两遍，教师重在观察幼儿的阅读方法是否正确、阅读习惯是否良好等，而对幼儿阅读是否准确不宜过多干涉。③对幼儿理解不正确的地方，教师可给予提示并启发幼儿再思考。

二是幼儿自由阅读。幼儿自由阅读是正式阅读活动的第一阶段，教师将阅读活动所需图书展示给幼儿后，要提供机会让幼儿自由阅读。在阅读前准备性活动的基础上，幼儿对所阅读的书面语言应留有一定的印象，给幼儿创设自由阅读的机会，可以让幼儿通过观察再次认识阅读对象，获得有用信息。正因为这是幼儿正式阅读的第一个阶段，教师在指导时也更应注意技巧：①教师要多用提问的方式，多提有启发性的问题来引导幼儿的思路。提问可以引导他们边思考边阅读。启发性的问题有助于幼儿把握阅读的重难点。②教师要对幼儿提出观察的要求，并进行操作表演，还要注意观察幼儿在阅读中的表现，如阅读速度、阅读方法、阅读态度等。幼儿自由阅读，并不意味着教师可以不闻不问，而要更巧妙地引导幼儿完整、安静地阅读。

三是师幼共同阅读。师幼共同阅读是阅读活动的一个重要步骤，此步骤又可分为三个阶段：①师幼一起阅读，了解和理解图书的大致内容；②围绕阅读重点开展活动；③归纳图书的主要内容。

当幼儿对图书的主要内容有深入理解后，教师要鼓励幼儿将主要内容总结、归纳出来，以巩固、消化幼儿所学的内容。归纳图书内容，可以用三种形式：①一句话归纳法，这种形式要求幼儿用一句话将图书的主要内容总结出来；②一段话归纳法，这种形式要求幼儿用一段话将图书的主要内容讲述出来；③图书命名法，这种形式要求幼儿用简练的词或短句给图书起个名字，实际上是让幼儿学习归纳图书内容的主题。

师幼共同阅读是阅读活动中的重点内容，教师在指导时要把握好两个方面：①这个阶段提问使用的频率较高，因此教师要谨慎对待提问法的使用，以免陷入一问一答的俗套中；②在这个阶段，教师在指导不同年龄的幼儿进行阅读时，侧重点应有所不同。

四是幼儿讲述阅读。幼儿讲述阅读这一步骤是幼儿将所理解的图书内容以口头语言的形式表达出来，也是幼儿将图画符号转化为语言符号的阶段，故此步骤是阅读活动中不可缺少的一个环节。幼儿可以在小组内自由讲述，在集体中讲述，也可以与同伴合作讲述。教师在指导这个阶段时应注意以下两个方面。

首先，幼儿讲述的内容是他们经过思维加工后所理解的图书的主要内容，因此，只要他们基本上将图书的主要内容讲述出来就可以了，而不必就每个画面进行反复斟酌、反复认知，否则势必会降低幼儿阅读的兴趣。与此同时，教师还要鼓励幼儿大胆想象，将与情节有关的人物、动作、对话和内心体验讲述出来，当然，这并不要求幼儿用规范的语言将每个画面的意义都彻底讲清楚，而是培养幼儿围绕图书重点，将主要情节尽可能讲得生动、详细。教师在指导时，一定要将这两种讲述区分开，使幼儿自由地依据自己的理解和想象，将图书的主要内容完整连贯地表达出来。

其次，在讲述时要注意幼儿的个别差异。当幼儿在集体中独自或与小组合作讲述时，教师要注意兼顾语言能力强弱不等的幼儿的学习和指导。教师可以让语言能力较弱的幼儿选择较简单的阅读内容进行讲述，从而使这部分幼儿也能从讲述中获得乐趣，提高自信。

第三，早期阅读活动的指导要点。

教师需要针对早期阅读活动的特点和目标对不同的幼儿进行及时的指导，其指导要点主要有：①幼儿自由阅读时，教师以提问的方式提示幼儿观察，教师也可以向幼儿提出观察要求并给予示范，让幼儿安静完整地阅读；②教师与幼儿共同阅读时，应关注幼儿，并明确此次阅读的内容，采用平行的方式将自己的指导放在共同阅读中；③围绕重点阅读时，教师可以组织幼儿讨论，还可以采用表演游戏等方式加深幼儿的学习印象；④归纳阅读内容的组织方式有竞赛性质的活动方式、表演的方式、游戏的方式等。

3. 其他领域中进行随机语言渗透教育

语言教育不仅是语言领域的事情，幼儿在健康、科学、社会、艺术等领域的学习中，同样离不开语言工具。所以，语言教育不仅是语言领域中教师的任务，其他领域的教师也应注意对幼儿的语言发展进行相应的教育，连同语言领域一起，共同为幼儿语言的良好发展奠定基础。

（1）在数学教育活动中随机渗透语言教育。数学教育活动和语言教育活动不同，它没有许多优美动听的语句及丰富的词汇，但需要幼儿有快速的反应能力、敏捷的思维能力和精确的语言表达能力。对幼儿而言，数学是比较枯燥乏味的学习活动，因此，在数学教育活动中，为了提高幼儿学习数学的兴趣，教师常常采用游戏的形式，让幼儿在玩玩、做做、数数中学会数学知识。

（2）在科学教育活动中随机渗透语言教育。科学教育活动中的语言信息交流主要包括描述和讨论两种方式。幼儿在描述和讨论中既可以提出自己的观点与想法，又可以交流自己的探索、操作过程和操作方法，以及从中获得的情绪体验。例如，小班幼儿观察“水的三态变化”小实验，当水烧开以后，茶壶里冒出了热气，当幼儿描述这一过程说“水烧开了以后就冒烟了”时，教师就要及时纠正幼儿的说法“是水烧开了，冒出了水蒸气”，幼儿从这一活动中就掌握了“水蒸气”一词。

（3）在音乐教育活动中随机渗透语言教育。生活中处处有音乐，语言和音乐有着非常密切的关系。凭着幼儿对音乐的特别情感和特殊领悟力，可逐渐在中班、大班的音乐教育活动中加入听音乐、学语言的环节。这种活动应在幼儿充分感受音乐、理解和体验音乐形象的基础上进行。例如，歌曲《小乌鸦》，主要讲述一只小乌鸦每天急忙赶回家，把捉来的虫子一口一口喂妈妈的故事。在学习这首歌曲后，教师要求幼儿根据歌词内容把它改编成一个故事，以提高幼儿的音乐欣赏能力和语言表达能力。

（4）在美术教育活动中随机渗透语言教育。幼儿的世界充满着美的色彩，他们爱画、爱玩、爱动手制作。教师可在美工活动中，抓住幼儿的这一特点，让他们对自己的作品进行分享，也可以在绘画活动中加进幼儿喜闻乐见的儿歌形式，提高幼儿的学习兴趣。

（5）在体育教育活动中随机渗透语言教育。在体育活动中，应先让幼儿观看教师的示范动作，请幼儿讲述并讨论教师的动作要领及注意事项；然后请一名幼儿模仿老师的动作进行活动，再请这名幼儿说说他是怎样做好这一动作的。这样可以使幼儿通过自身体验，讲述各种活动的特色，同时也发展了幼儿的语言表达能力。

（6）其他领域教育活动中进行语言教育须注意的问题。

第一，通过“计划—操作—整理—回忆”的活动程序为幼儿提供交流机会。教育活动是幼儿主动活动的过程，教育活动的主体是幼儿，教师要在教育活动中帮助或引导幼儿自己计划活动的进程，在幼儿自主操作活动的过程中，教师要为幼儿提供充分的语言交流机会，鼓励幼儿与同伴协商沟通、交流合作，通过回忆与分享环节将自己独特的想法和感受

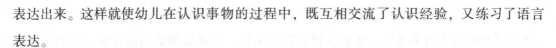

表达出来。这样就使幼儿在认识事物的过程中，既互相交流了认识经验，又练习了语言表达。

第二，要避免语言教育的“喧宾夺主”，不要影响其他领域教育目标的实现。其他领域教育活动的存在都有其独特的价值，在促进幼儿身心和谐发展方面有着不可替代的作用。不能为强调语言教育而忽视其他领域的教育，在其他领域的教育活动中，语言教育并不占据主要地位，不能为促进语言教育而使其他领域的教育活动“本末倒置”，这是幼儿园教育活动中所应注意的问题。

第三，鼓励幼儿之间的合作与交流。各种教育活动为幼儿提供了同伴之间互相合作和交往的机会，教师要充分利用这些机会。当幼儿在生活中遇到困难和问题时，教师要启发幼儿动脑筋，与同伴商量，以找到解决问题的方法。这样既促进了同伴之间的协商与合作，又有助于发展幼儿与同伴之间的语言交往能力。

第四，为幼儿提供规范的语言示范，鼓励幼儿积极表达。教师除了要为幼儿提供规范的语言让幼儿模仿和学习外，还要努力为幼儿创设一种宽松自由、轻松愉快的心理环境和语言环境，使幼儿有机会自由表达心声。教师真诚而坦诚的表达、师幼之间平等的交谈，能有效地激发与增强幼儿运用语言表达思想感情的动机和兴趣。

（二）幼儿园语言教育活动方法

幼儿园语言教育活动的方法是根据幼儿语言发展理论、幼儿学习语言的规律、幼儿语言教育的目标，以及多年来幼儿语言教育实践经验归纳出来的。一般的方法有：练习法，示范模仿法，视、听、讲、做结合法，游戏法，表演法等。

1. 练习法

练习法是有意识地让幼儿多次使用同一个语言因素（如语音、词汇、句子等）或训练幼儿某方面的语言技能、技巧经常采用的一种方法。在幼儿园语言教育活动中，口头练习活动占多数。练习法在幼儿园语言教育活动具体运用时须注意两点：一是教师在明确练习目的的基础上，逐步提高练习的要求；二是在幼儿理解内容的基础上，教师应尽量进行独创性的练习，避免简单、枯燥的重复，以免使幼儿失去兴趣。

2. 示范模仿法

示范模仿法是教师通过自身的规范化语言，为幼儿提供语言学习的样板，让幼儿始终在良好的语言环境中自然地模仿学习，有时也可以由语言发展较好的幼儿来示范。示范模仿法的具体运用需要注意以下四个方面。

（1）教师的示范语言一定要规范到位。教师说话时，除了咬字清楚、发音准确、辅以自然的表情和恰当的手势外，还要注意语言的表达，包括运用适当的音量、语调、语速等。教师的言语示范必须做到正确、清楚、响亮，并且要富于表现力和感染力。

（2）教师要把握好示范的时机和力度。语言教育中一些新的、幼儿不易掌握的学习内容，教师要反复地重点示范，如难发准的音“n”“r、c”和“ch”等，新词句的学习，人物的对话，连贯的讲述，需要幼儿作为仿编参照的原词句等，让幼儿有意识地进行模仿学习。

（3）教师要恰当地运用“显性示范”和“隐性示范”相结合的手段。幼儿园语言教育中，教师要恰当地处理好“显性示范”和“隐性示范”两种手段的运用。对教学的重点和难点问题，依据幼儿语言发展的水平和特点，必须恰当地选用不同的示范方法。

（4）教师要积极观察幼儿的语言表现，妥善地运用强化原则。教师要关注幼儿在各种活动中的语言表现，善于发现幼儿语言发展的差异，因材施教，随时鼓励幼儿正确的语言行为和习惯，并加以强化。同时也要及时地指出错误，尽量避免重复幼儿不正确的语言，以免产生误导。但也要避免过于挑剔幼儿语言中的错误，以免降低幼儿学习的积极性。

3. 视、听、讲、做结合法

视、听、讲、做结合法是依据“直观法”和“观察法”以及结合幼儿语言学习的特殊性而提出的。所谓“视”是指教师提供具体形象的讲述对象。所谓“听”是指教师用语言描述、启发、引导、暗示、示范等，让幼儿充分地感知与领会。所谓“讲”是指幼儿在感知、理解的基础上，充分地表述个人的认识。所谓“做”是指教师给幼儿提供一定的想象空间，通过幼儿的参与或独立操作活动，帮助幼儿充分地构思，从而组织起更加丰富、连贯、完整、富有创造性的语言进行表述，具体运用视、听、讲、做结合法时要注意四点：一是教师所提供的语言教育辅助材料，应该是幼儿接触过的、较熟悉的或符合幼儿认识特点的；二是教师应教会幼儿正确观察被讲述对象的方法，给幼儿留存一定的观察时间和空间；三是教师的提问要有顺序性、启发性、开放性，以帮助幼儿构思与表述；四是根据幼儿的语言实际水平，提出不同的表述要求，要求幼儿在动手、动脑、动口的学习中获得语言经验。

4. 游戏法

游戏法是教师运用有规则的游戏，训练幼儿正确发音，丰富幼儿词汇和学习句式的一种好方法。游戏是最符合幼儿年龄特点的活动，运用游戏方法进行教育是幼儿语言教育中常见的活动方式之一，其目的在于提高幼儿的学习兴趣，集中幼儿的注意力，促进幼儿各种感官和大脑的积极活动。游戏法的运用需注意两点：一是根据幼儿语言教育目标和内容选择和编制游戏，要求目标明确，规则具体，便于幼儿理解，以达到训练语言能力的目的；二是在运用游戏法的同时，可配合使用教玩具或学具。

5. 表演法

表演法是在教师的指导下，幼儿学习表演文学作品，以提高口语表现力的一种方法。表演法在幼儿园语言教育活动中具体运用时需要注意三点：一是教师必须在幼儿理解诗歌、散文、绕口令等作品内容并能熟练朗读的基础上运用表演法；二是鼓励幼儿在故事表演中创新内容和增加情节与对话，大胆发展故事情节，恰当地进行动作设计和人物的心理刻画；三是教师需努力为全体幼儿提供参与表演的机会。

三、幼儿园语言教育活动的评价分析

幼儿园语言教育活动的评价，即指收集语言教育活动的设计、组织和实施过程中各方面的信息，依据一定的客观标准对教育活动及其效果作出客观衡量和科学判定的过程。幼儿园语言教育活动评价是语言教育实施过程中的一个不可缺少的环节，其主要目的在于建立一种积极反馈信息的途径，从而形成有效调节和改善幼儿园语言教育过程的机制。

（一）幼儿园语言教育活动评价原则

幼儿园语言教育活动的评价是一种比较微观、真实的评价，与教师联系更密切，对教师影响更直接。因此，幼儿园教师应当直接参与幼儿园语言教育活动的评价。一方面，教师可以及时了解活动设计和组织实施过程中的不足，讨论改进的办法，以不断提高语言教育活动设计和组织实施的能力；另一方面，可以保证评价的深入性和全面性，避免评价过程中评价者和被评价者之间的对立现象。

1. 评价的客观性原则

实施幼儿园教育活动评价，必须采取客观的实事求是的态度，而不能主观臆断或掺杂个人的情感色彩，这是进行教育评价的最基本的原则。首先，评价者必须根据客观的评价标准来实施评价，评价标准一旦确定，就不能任意改动；其次，标准应适合于每一个评价对象，否则就不能称之为客观的标准；最后，要以客观公正的态度对待每一个评价对象，不能因个人好恶而使评价结果出现偏差。

2. 评价的全面性原则

全面性原则是对幼儿园语言教育活动的各个构成要素进行全面评价。既要对幼儿在活动过程中的语言学习行为变化的过程和结果进行评价，又要对教师在教育活动中的组织行为进行评价；既要对教育活动过程中教具、学具的选择与利用进行评价，又要对教师与幼儿之间的语言和情感互动情况进行评价；既要对静态的活动要素进行评价，又要对动态的活动过程进行评价。

3. 评价的参照性原则

参照性原则是指制定的评价标准要有依据，幼儿园语言教育活动评价标准的制定，首先要依据国家有关教育法规性质的文件，这是确定语言教育活动评价标准的根本依据；其次要依据幼儿语言发展的基本规律，根据幼儿在每个年龄阶段应有的水平作出恰当的规定，不可任意提高或降低标准；最后要依据语言教育活动的目标，目标不但是教育活动组织和实施的指南，也是教育活动评价的指南和参照的依据，在评价过程中，那种脱离目标另定标准的做法是不可取的。

（二）幼儿园语言教育活动评价内容

幼儿园语言教育活动的评价内容应该包括以下两个方面。

1. 对幼儿语言学习的行为进行评价

（1）幼儿参与活动的积极性。对幼儿参与活动积极性的评价主要用于考查幼儿对活动的情感投入程度，可以从幼儿参与活动的兴趣和注意力等方面进行分析和评价。

（2）幼儿在活动中完成语言学习任务的情况。幼儿在语言活动中是有任务的，这些任务是由具体活动目标直接转化而来的，可以从三个方面进行分析：其一，了解幼儿是否获得了目标所规定的语言知识，是否掌握了有关的词汇和句型，是否懂得在怎样的语言环境下运用这些词汇和句型；其二，了解幼儿是否形成了耐心倾听别人说话的态度，是否乐意在集体面前讲述自己经历的事或看到的图片内容，是否懂得并遵守语言交往中的一般规则；其三，了解幼儿组词成句的能力和在具体情景中运用语言的能力，是否能根据活动中的语言情景来运用有关的词汇、语法和语调，是否能用连贯的语句说清楚自己想要表达的意思。对幼儿在活动中完成语言学习任务情况的评价，可分为“圆满完成”“基本完成”和“尚未完成”三个等级。

（3）幼儿在活动中表现出来的独立见解情况。幼儿在活动中表现出来的独立见解可以用于考察幼儿对活动目标要求的理解程度，以及自己独有的生活、学习经验与该活动中语言学习任务之间相互作用的情况等。需要列出某一幼儿与其他幼儿不一样的具体语言行为表现，如说出“音乐糖很有趣，能发出声音”“石头还可以用来砸死吓人的毛毛虫”等。

（4）幼儿在活动中创造性地运用语言的表现。主要分析幼儿对语言结构的创造性运用，以及在操作、想象等方面的创造性表现。需要具体列出幼儿的行为表现内容，如使用了“因为……所以……”这个句型等。

以上四个方面既相互区别，又相互联系，共同构成了幼儿在语言教育活动中语言学习行为评价的主要内容。这些内容是根据幼儿园语言教育活动目标和语言发展目标建构而成的，它们反映了幼儿在语言教育活动中语言学习效果各个方面的因素。

2. 对语言教育活动中教师行为进行评价

教师行为评价是对教师设计和组织某一具体语言教育活动效果的直接评价，虽然对幼儿在活动中语言学习行为的评价能在一定程度上反映教师设计和组织语言教育活动的质量，但每一个语言教育活动的质量并不能得到全部的体现。因此，为了科学、准确地评价每一个教育活动的效果，除了评价幼儿在活动中的语言学习行为外，还要对语言教育活动中教师的行为进行评价，对语言教育活动中教师行为的评价，着眼于为教师提供分析、判断教育活动设计和组织的思路，以便教师能更好地认识自己的活动设计和组织的状况，在不断深入理解和把握各种类型语言教育活动设计、组织要求的基础上，提高教师的自我调节能力。

（1）目标的达成程度。语言教育活动旨在有目的、有计划地为幼儿提供语言学习机会，具有明确的教育目标。各种类型的语言教育活动包含着不同的语言教育目标，起着促进幼儿语言循序渐进地向完整语言方向发展的重要作用。因此，幼儿园教育活动目标的达成程度反映出该教师设计与组织实施的水平如何。

（2）活动内容和形式的适合程度。在评价幼儿园教育活动的内容时，主要分析教师对教育活动内容的选择与目标要求是否一致；活动内容是否符合科学性和思想性；内容的分量是否适当，有无过多或过少的情况；内容的安排是否分清主次或突出重点、难点，是否抓住了关键内容；内容的布局是否合理，各要点之间的衔接是否自然流畅；活动内容与幼儿原有的语言、认知和社会经验是否相对应等。

（3）活动内部要素的协调程度。幼儿园语言教育活动是教师、幼儿、语言环境、活动材料等要素之间相互作用的过程，所以在评价语言教育活动内部各要素的协调程度时，需要从幼儿与语言环境之间的互动情况、材料的利用情况和教师与幼儿之间的互动情况三个方面进行分析。

（4）效果分析。在上述方面考查的基础上，评价者还需要进一步对本次语言教育活动的效果进行总体评价，包括对活动的总体印象进行简单的描述，总结、分析活动设计和组织中的得与失及其原因所在，特别是分析教师设计和组织活动中存在的不足之处，并就其中的不足提出改进的建议，为教师以后的幼儿园教育活动设计和组织活动提供参考。

第三节　幼儿园科学与数学教育活动

一、幼儿园科学教育活动

幼儿园科学教育是幼儿在教师的指导下，通过自身的活动，对周围的环境进行感知、观察、操作、发现，以及提出问题、寻找答案的探索过程。幼儿如何“做”科学要比他们如何学科学更重要。幼儿科学教育更关注幼儿主动探究和解决问题的能力，教育活动的结果更关注幼儿通过活动获得的科学经验。

（一）幼儿园科学教育活动的目标与内容

1. 幼儿园科学教育活动的目标

（1）幼儿园科学教育活动的总目标包括：①对周围的事物、现象感兴趣，有好奇心和求知欲；②能运用各种感官，动手动脑，探索问题；③能用恰当的方法表达、交流探索的过程和结果；④爱护动植物，关心周围环境，亲近大自然，珍惜自然资源，有初步的环保意识；⑤获得有关周围事物及其关系的经验并有使用的倾向。

（2）幼儿园科学教育活动的具体目标。幼儿园科学教育的目标要通过一个个具体的科学教育活动来实现和达成，具体教育活动的目标应体现和落实总目标和年龄阶段目标，并密切结合幼儿身心发展的实际水平和需求，促进幼儿知识、经验和能力的发展，进而促进其身心全面发展。幼儿园科学教育活动目标应具有针对性、趣味性、活动性和可操行性等。例如，“天气预报”的活动目标包括：①知道一些气象变化与动物习性变化之间的关系；②能根据动物的特殊表现来推断并预报天气；③提高探索天气奥秘的兴趣，萌发爱科学的情感。又如，“影子的秘密”的活动目标包括：①运用各种感官，积极动手动脑，探索影子的秘密；②在探索过程中感受发现的快乐，激发好奇心和求知欲。

2. 幼儿园科学教育活动的内容

面对新鲜事物时，幼儿总是充满好奇和兴奋，而幼儿园科学教育活动最重要的作用就是让幼儿获得丰富而多样的经验，这些经验是满足和扩展幼儿好奇、好问的基础。幼儿园科学教育活动内容体系的组织，体现了现代的生态观和科技观，幼儿园科学教育活动的内容主要体现在以下四个方面。

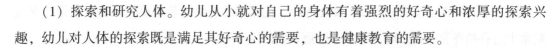

（1）探索和研究人体。幼儿从小就对自己的身体有着强烈的好奇心和浓厚的探索兴趣，幼儿对人体的探索既是满足其好奇心的需要，也是健康教育的需要。

第一，人体的结构及其功能与保护。观察、探索人体的外部结构、功能及认识、保护人体的外部结构，主要包括头、颈、四肢、躯体、皮肤等，让幼儿感受其各自的功能，并初步知道怎样保护。初步了解人的共同性、差异性及其种类，如每个人的身体结构都是基本一样的，但又有很大的不同，如男女之别、不同种族、不同肤色、不同发色、五官特征之别、体形之别等。了解人体的感觉器官及其功能。初步感受和体验人体的内部生理活动及其功能，了解人体的生理活动包括呼吸、消化、血液循环、排泄等，如联系生活中见到的流血、骨折事件，引导幼儿探索人体内的血液、骨骼的作用，以及保护身体的重要性。

第二，人的心理活动。了解大脑可以思考问题，具有想象、记忆等功能。了解人有情绪、情感，知道每个人都会有情绪的感受和体验，知道情绪不同表现形式也不同，如高兴与微笑、伤心与哭泣等。观察并理解别人的情绪表现，学习怎样表达自己的情绪，学会控制自己的消极情绪，发展自己的积极情绪。

第三，人的自然生命发展过程。认识到人是一个自然实体，每个人都会经历从出生、成长到衰老、死亡的生命过程，初步形成对生命过程的客观态度。了解食物、空气和水是人生长发育的基本条件，合理的营养、适当的运动和休息都是个体健康成长的必要条件。

第四，保护身体及身体健康。知道在任何条件下都应该注意安全，保护自己的身体不受损伤和侵害。锻炼身体，预防疾病，养成良好的生活、卫生习惯等。

（2）关注、探究自然生态环境。幼儿科学教育活动强调让幼儿了解自然环境和人们生活的关系，强调热爱自然、保护自然、人与自然和谐相处的生态观点。我们不仅要向幼儿展示自然环境的多样性，还要充分考虑自然环境中各个成员之间广泛的、动态的联系，并渗透尊重自然、保护自然的知识。幼儿周围的动物、植物和非生物——沙、石、土、水、空气等，都是构成自然生态环境的重要因素。

第一，自然界中常见的动植物及其与人、自然环境的关系。幼儿对动物、植物特别是动物有着特别的感情，教师要利用幼儿对动植物的浓厚兴趣，引导他们去观察、接触和研究，了解动植物的典型外部特征，探索和了解动植物与环境以及动植物与人类的关系。

观察常见动植物的生长与生活，探索动植物的特征和多样性，能说出常见的动植物的名称，通过接触和探索植物、饲养和照料动物等方式，观察和发现植物典型的外部特征及其主要用途，观察、了解动物的生活习性。

认识和探索动植物的多样性，动物中，有大的，有小的，有温顺的，有凶悍的，还有会孵蛋的；动植物种类很多，动物有昆虫、鸟、兽、家禽、家畜等，植物有花草树木、蔬菜等。观察和发现动植物的生长、变化规律，能用标志、绘画等简单方式进行记录，交流观察中的有趣现象、新发现，感受动植物顽强的生命力。

探索和初步发现动植物与环境的关系，知道动植物的生长与环境的关系。通过种植植物、饲养动物等活动，探索动植物的生长需要哪些环境条件，知道动植物的生存与成长离不开空气、阳光、水和土壤；知道动植物的多样性与环境的关系，知道不同的环境生活着不同的动植物，如有的生活在陆地，有的生活在水中，有的生长在暖和的地方，有的生长在寒冷的地方等。

知道动植物和季节变化的关系。有的植物春天播种、秋天收获，有的动物冬眠，有的植物会落叶等。知道动植物的形态结构与环境的关系。了解不同环境中的动植物在形态结构上的不同，以及它们与环境之间的关系。知道动植物之间的关系，包括动物与动物之间和动物与植物之间的关系。知道动物之间是朋友和天敌的关系，动物与植物之间是友好的关系等。

第二，探索和发现动植物与人的关系。认识人、动物、植物之间是紧密相连的、互相依存的，懂得动物是人类的好朋友，人类应该保护它们；植物对净化空气有贡献，要保护植物，了解人类在生活中是怎样利用动植物的，还要让幼儿了解人类是怎样保护动植物的。

（3）探索、了解自然科学现象。大自然中存在着许多自然现象，这些现象有的循环往复，有的变化无穷，它们发生在幼儿的身边，无时无刻不在激励着幼儿去探索和了解。

第一，气候和季节现象。气候和季节现象是自然界中四季规律变换的具体体现，它直接影响着人类的生活和动植物的生长。幼儿了解气候和季节现象，对认识环境并主动适应环境，以及保护身体都有重要的意义。知道气候和季节现象是影响人类及动植物生存的重要环境因素，它们的变化是有规律的。

观察各种天气现象，如雨、雪、风、云、冰、霜、雾、闪电、冰雹等，并能进行简单的记录、报告和预测。知道风的产生；观察和感受不同情形下的风的不同，如风有大小的不同、冷暖的不同；知道风对人类和动植物生活的作用和影响，如风能传播花粉、风力发电等，但是台风、飓风也会给人类和动植物带来危害。观察、比较雨的不同，知道雨的种类，如大雨、小雨、急雨、暴雨、雷雨等；知道雨在不同的季节对植物生长的作用和影响，如春雨有利于播种，秋季的雨过多不利于秋收，适量的雨有利于植物的生长，而雨水过多就会造成洪涝灾害。观察云在不同天气时的表现与变化，知道云有厚薄之分，知道云是多变的。知道冬天常见的天气现象，如冰、雪、霜等；夏天常见的天气现象，如雷雨、彩虹等；通过实验和游戏观察并体验冰、雪、霜，了解冰、雪、霜对人们日常生活及植物生长的作用和影响。

知道四季的变化及其规律，了解不同季节的不同特征。了解季节和气候变化对人类和动植物生活、生长的影响，培养幼儿能主动适应外界环境变化的能力，并养成保护身体的习惯。

第二，天文现象。知道地球存在于宇宙中，除了地球外，宇宙中还有太阳、月亮和星星等，它们都离我们很远。知道太阳是一颗恒星，是一颗发光、发热、燃烧着的巨大火球；知道太阳距离地球很远很远，如果没有它，地球上所有的生命都不能生存。知道月球是地球的卫星，它不会发光，只有太阳光照射到月球上，我们才能看到天空中的明月；观察月相的变化，并用简单的方式进行记录；知道月球上没有空气和水，也没有生命，人类乘宇宙飞船能进入太空，能登上月球。观察天空中的星星，知道星星有无数颗，它们离我们特别远，所以我们只能看到一个个闪烁的光点；知道星星有的像太阳一样会自己发光，有的自己不会发光。

第三，物理现象。有关物理现象的内容很丰富，需要引导幼儿通过操作具体材料进行探索，按照涉及的知识领域划分，主要包括光、声、电、磁、力和运动、冷、热和温度等内容。

一是光。光是大自然普遍存在的现象，而且与人们的生活紧密相连，幼儿探索和发现光的现象是必要的探索。发现光源，知道光源有来自自然的，如阳光，也有来自人类自己制造的，如各种类型的灯光、火光等，了解它们的不同；通过实验探索光和影子的关系。通过实验探索多种颜色的形成，了解颜色是光反射的结果。

通过各种光学仪器，如平面镜、三棱镜、凸透镜、凹透镜以及日常的物品、玩具（如望远镜、万花筒），探索光的反射和折射现象，知道光在人类各种活动中的重要性，了解光和人类生活的密切关系：光为我们带来光明，使我们可以看见周围的世界，光还为植物的生长提供了条件。

二是声。声音是幼儿最初了解世界的重要信息来源，在周围各种各样的声音中，可供幼儿感受、探索的声音方面的内容包括：知道我们生活在一个充满声音的世界里，注意倾听、观察和感受各种各样的声音；探索各种能产生声音的物体和能产生声音的方法，探索各种声音的不同；知道声音有乐音和噪声之分，乐音给人以美的感受，噪声会给人带来危害。通过游戏、实验等探索声音的传播。

三是电。电在日常生活中的应用越来越广泛，幼儿也接触到很多与电有关的物品，如家用电器、电动玩具等。通过向幼儿进行适当的有关电的知识的教育，使其了解安全用电的常识，这既可以避免事故的发生，又可以满足幼儿强烈的好奇心。幼儿学习有关电的主要内容有：初步了解各种电的来源，静电是摩擦产生的，日常生活中绝大多数的电是发电厂通过电线输送来的。通过游戏和实验探索摩擦起电的现象，初步了解干电池也能产生电，在游戏和实验中探索干电池的用途，知道废旧的干电池是有毒的，不能随便丢弃。通过探索各种家用电器、电动玩具的功能，初步了解电在日常生活中的重要作用。

四是磁。磁对幼儿而言比较抽象，但由于磁的现象充满了神秘和魔幻，幼儿对其有着强烈的好奇心。幼儿对磁的认识主要是磁铁及有关磁铁制品。例如，观察各种大小和形状的磁铁，知道磁铁能吸铁。通过游戏和实验的方式探索发现磁铁和磁铁之间的吸引与排斥现象，知道其磁力的大小是不同的。玩磁针或指南针，探索指南针指南的现象。了解磁的用途，探索和发现生活中磁铁的应用。

五是力和运动。物体之间的相互运动产生了力。力的表现形式是多种多样的，有重力、弹力、浮力、摩擦力、吸引力、推力、拉力、风力、电力等，这些力时刻存在于人们的日常生活中。幼儿虽不清楚力的性质，但在生活中却能时时感受和运用各种各样的力。让幼儿探索、发现、体验这些力，主要是启发幼儿探索和思考日常生活中的这些经验，从平常的事情中总结发现其规律，从而获得初步的感性经验。

知道力和运动是日常生活中普遍存在的自然现象。幼儿通过实验、操作，感受力的大小，探索发现力的方向，探索力和运动之间的关系，以及不同大小、方向的力和运动的关系。知道力有很多种，如地球的吸引力，还有推力、拉力、压力、浮力、摩擦力，以及水力、电力、风力等，感受各种力的作用。通过玩跷跷板、天平和平衡架等，感受并体验力的平衡，探索平衡的条件。探索省力的方法，如使用滑轮、杠杆、倾斜面、轮子等。探索各种机械，发现它们的作用。探索各种自然力，如水力、风力，了解人类对它们的利用。

六是冷、热和温度。结合幼儿的日常生活经验，可让幼儿探索以下有关冷、热和温度的内容：知道任何物体都有温度，有的物体温度高，有的物体温度低。探索不同温度的物体之间的传热现象，知道有的传热快，有的传热慢。探索并发现热的物体会变冷，冷的物体会变热，探索使物体变冷、变热的方法。知道天气有冷有热，知道夏天怎样散热，冬天怎样取暖保暖，了解几种常见的取暖或散热的产品。

第四，化学现象。化学现象是幼儿生活中比较常见的自然现象，虽然化学现象的规律性比较隐蔽，很难让幼儿直接观察，但是有些化学现象的表现形式是非常有趣的，教师可以让幼儿去探索、发现一些安全的、有趣的、简单的化学现象。了解周围物质世界和日常生活中存在的简单的化学现象，如大米经过烧煮变成米饭，面粉发酵做成馒头等。知道食物的霉变现象，初步了解食物会霉变的原因等。

（4）探究、了解现代科学技术。生活中随处可见科技产品的广泛应用，幼儿对现代科学技术及其产品具有强烈的好奇心，通过向幼儿进行科学技术教育，让其接触和了解常见的现代科技成果，感知科学技术对人类生活的影响，激发和培养幼儿对科学的兴趣，使幼儿萌发对科学家的崇敬之情。当今的幼儿生活在一个崭新的科学世界里，许多科技成果已成为幼儿身边的常见物品，如电视机、冰箱、洗衣机、手机、电话、微波炉、计算机等。教师可有选择地引导幼儿探究一些与生活密切相关的科技产品和技术，具体内容包括以下两个方面。

第一，幼儿生活中常见的科技产品及其作用。认识现代家用电器，如计算机、电视机、电风扇、空调、洗衣机、电饭锅等，知道其主要用途，知道这些家用电器在人们生活中的重要作用。探索现代通信工具，感受固定电话、移动电话、可视电话、传真机等给人们生活带来的便利。探索常见的交通工具，如汽车、火车、摩托车、电车、地铁、飞机、轮船等，了解它们在人们生活中的重要作用。探索现代农用工具，如拖拉机、脱粒机、播种机、抽水机等，知道现代农用工具既减轻了农民的劳动负担，又有助于农作物增产增收。探索和初步了解现代生物科学技术和农业科技产品，如无籽西瓜、无土蔬菜的种植，以及食品的加工等。探索各种科技玩具，会正确使用，并能进行拆卸、组装等。

第二，了解科学技术的发展，熟悉著名的科学家。了解科学技术是不断发展、不断进步的，并体会它们与人们生活的关系。如了解灯的发展史，探索了解从古至今的灯是怎样的，人们是怎样照明的，由此体会科学技术的发展给人们的生活带来的影响，初步了解科学技术给人们带来的便利，科技发展提高了人们的生活质量。了解并熟悉一些著名的科学家，知道科学家对科技的发展所做的巨大贡献，如可以向幼儿介绍一些科学家的故事，也可以请科学工作者与幼儿直接交流，激发幼儿对科学的崇尚和对科学家的敬佩之情。

（二）幼儿园科学教育活动的路径与方法

1. 幼儿园科学教育活动的路径

幼儿学习科学的路径多种多样，主要包括集体教学活动、日常生活活动和科学游戏活动等。下面主要探讨日常生活活动和科学游戏活动。

（1）日常生活中的科学教育。幼儿一日生活内容丰富，且蕴含着许多科学经验和问题，如哪里可以挖到蚯蚓等。教师要善于利用日常生活中的教育契机，挖掘一日生活中的科学素材，适时引导幼儿深入探究其中的科学奥秘。首先，引导幼儿观察日常生活中的自然现象；其次，带领幼儿到自然中寻找科学现象；再次，将科学教育渗透在幼儿园室内外的环境创设中；最后，通过家园共育，共同寻找科学教育的契机。

（2）科学游戏活动。科学游戏指应用自然物质材料或有关图片、玩具（科技玩具）

等物品，进行带有游戏性质的操作活动。科学游戏将科学内容蕴含于游戏之中，让幼儿在轻松愉快的游戏活动中丰富科学经验，巩固已获得的知识经验，进一步激发幼儿探究科学现象的兴趣和欲望，发展幼儿的观察能力和思维能力等。科学游戏的类型，从材料分类包括：①利用实物的游戏，如踩影子、手影、神秘的口袋、猜一猜；②利用图片的游戏，如看图识物、找错误等；③利用科技玩具的游戏，如声控玩具、发条玩具、遥控玩具等；④口头游戏，如谁在水中游、季节问答等；⑤情境游戏，如假设在火灾现场，如何保护自己等；⑥多媒体互动游戏，如利用多媒体软件进行的科学游戏。从科学游戏的作用来分，有感知类游戏和分类游戏等。

2. 幼儿园科学教育活动的方法

幼儿园科学教育的方法是指在教师的指导下，幼儿学习科学的具体方式和手段。幼儿科学学习的核心是激发探究兴趣，体验探究过程，发展初步的探究能力。要善于发现和保护幼儿的好奇心，充分利用自然和实际生活机会，引导幼儿通过观察、比较、操作、实验、测量、科学游戏和早期阅读等方法，学习发现问题、分析问题和解决问题；帮助幼儿不断积累经验，并运用于新的学习活动，形成受益终身的学习态度和能力。

（1）自主探究是幼儿科学教育的基本方法。自主探究就是让幼儿以类似或模拟科学探究的方式学习科学。探究学习活动是儿童通过自主地参与知识的获得过程，掌握研究自然所必需的探究能力；同时，形成认识自然的基础——科学概念，进而培养其探索世界的积极态度。

第一，科学学习寓于过程性的探究之中。教师可以直接给出幼儿所提问题的答案，但是这个结果和幼儿通过自己的亲身探究所获得的结果，从对幼儿的培养和影响来看是大不一样的。要让幼儿通过自己的探究来获得认识，也许幼儿自己获得的认识未必正确，但教师可以在幼儿已有认识的基础上，通过质疑或建议，引发幼儿进行更深入的探究，并在此基础上，让幼儿丰富、修正自己的认识。探究将科学知识、科学方法、科学精神有机地整合在一起，并使三者一体化、系统化。科学探究的基本步骤大致可以分为以下五个阶段。

阶段一：确定探究主题，提出问题——幼儿关注问题，进入探究情境之中。教师要选择适合幼儿发现的知识经验，这种知识经验要能反映某一领域的关键概念，既有方法论意义，又符合幼儿的能力水平，能激发幼儿的探究兴趣。

阶段二：推测与讨论——幼儿主动建构知识的前提。在此阶段，教师应积极调动幼儿的原有经验，鼓励幼儿大胆猜想和假设，提出自己对观察和实验的看法，鼓励幼儿对答案进行推测，将师幼之间、幼儿和同伴之间的讨论用结果不同的方式记录下来。

阶段三：实验和观测——幼儿获得事实依据和实证材料，教师引导幼儿多感官充分感

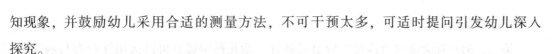

知现象，并鼓励幼儿采用合适的测量方法，不可干预太多，可适时提问引发幼儿深入探究。

阶段四：处理信息和数据——幼儿学习对客观事物进行描述。教师鼓励幼儿用多种方法记录实验和观察的信息，可以是图画、图表、简单的文字、照片等，记录可以采取个人、小组和集体等不同的形式，教师指导幼儿把握记录的时机和内容，以免错过重要信息。

阶段五：表达和交流——幼儿学习表达自己和倾听别人。教师鼓励每个人表达自己的发现，并引导幼儿将结果和最初的猜想进行对比，改进自己的想法，鼓励幼儿自己记录全班最终的结论。

第二，教师指导寓于幼儿自主的学习之中。幼儿根据教师给出的某一概念进行探究和发现，幼儿的动手探究在教师的支持下进行，在此过程中，教师并不过早地直接指导。在幼儿有机会探究之后，在概念解释与引入阶段，幼儿发现与教师之前指导下的科学知识之间建立起了稳固的联系。在这一阶段，当幼儿比较自己的发现与已经掌握的科学概念时，教师进行直接指导。

第三，教师鼓励幼儿调查相关的新问题与情境，以进一步探究该概念。这时，教师充当了支持者和促进者的角色，而不是直接指导者。之后，幼儿不断深入探究，新的循环便开始了。

(2) 幼儿园科学教育方法的多元化。幼儿园科学教育方法的多元化，指的是幼儿科学教育应在坚持以幼儿自主探究的学习为主体的前提下，给艺术手段、社会参与等方法以一席之地，并将其综合运用，以追求更好的教育效果。

第一，利用艺术手段开展科学教育。除了让幼儿亲身经历科学探究的活动外，还可以充分利用各种艺术手段来展开科学教育，这样的方法能够发幼儿求知的兴趣，使其在轻松愉快的情绪中，积极地获取一些科学知识、科学经验，丰富其科学认识。具体的做法可以借助文学作品等形式对幼儿进行“接受式”教育，儿童文学作品中常常包含很多科学教育的内容，如《刷牙记》是利用动物幼儿园里各种动物学刷牙的故事，向幼儿介绍动物牙齿的科学知识。

另外，可以让幼儿自己自由地进行艺术的表现和创造，这样既能帮助幼儿表现科学认识，巩固对自然世界的认识，也能增添一点艺术情趣。如小班幼儿认识了各种蔬菜，他们就把蔬菜打扮成各种“蔬菜娃娃”，大白菜拥有了一头披肩卷发，土豆变成了笑脸……孩子们一定觉得很开心。除了造型之外，还可以引导幼儿用动作、图画、诗歌等方式再现科学知识，如用动作模仿昆虫的行动方式，用图画记录观察结果，还可以创编诗歌来表达在春天的发现等。

第二，通过社会参与渗透科学价值观教育。幼儿科学教育可以运用社会参与的方法，让幼儿参与到真正的社会生活中，并在其中渗透科学价值观的教育，可以采用社会调查、实践行动、外出参观等方法。

二、幼儿园数学教育活动

“幼儿园数学教育活动是指幼儿在教师或成人的指导下（直接指导或间接影响），通过他们自身的活动，对客观世界的数量关系以及空间形式（包括数、量、形、空间等几方面）进行感知、观察、操作、发现并主动探究的过程，是幼儿积累大量有关数学方面的感性经验，主动建构表象水平上的初步数学概念，学习简单的数学方法和技能，发展幼儿思维能力的过程，是发展幼儿好奇心、探究欲、自信心，得到愉快的情绪体验，产生对数学活动的兴趣以及培养良好的学习习惯的过程。”①

（一）幼儿园数学教育活动的目标与内容

1. 幼儿园数学教育活动的目标

幼儿数学教育的总目标包括：①对周围环境中事物的数量、形状、时间和空间等感兴趣，有好奇心和求知欲，喜欢参加数学活动和游戏；②能从生活和游戏中感受事物的数量关系，获得有关数、量、形、时间和空间等感性经验，体验到数学的重要和有趣；③学习简单的数学方法，解决生活和游戏中某些简单的问题，能用适当的方式表达、交流、操作和探索问题的过程和结果；④会正确使用数学活动材料，能按规则进行活动，有良好的学习习惯。

数学教育活动的目标应提得具体、具有可操作性，并尽量用行为化的语言进行描述，使教师能在活动中根据教育目标的要求观察幼儿掌握目标的情况，判断幼儿的发展状况，及时对活动作出诊断性评价，并为设计后续的数学教育活动作出相应的改进，提出更有针对性、更上层、更贴近幼儿实际的数学教育活动目标。例如，“正式的数学活动：三角王国（小班）”的活动目标为：①在讨论、操作等活动中，认识三角形；②对图形感兴趣，能积极投入活动中。又如，“正式的数学活动：奇奇超市（中班）”的活动目标为：①在图片的观察与比较中找出物体量的差异，并能按规律接着往下排；②培养幼儿的推理判断能力和合作交往的能力。

①吴翠玉，藏兰荣，王雅莉. 幼儿园教育活动方案设计指南［M］. 长春：吉林人民出版社，2020：33.

2. 幼儿园数学教育活动的内容

幼儿园数学教育活动的内容是教师对幼儿进行数学教育的依据，是幼儿学习并感知自己周围生活中最初步的数、量、形、空间、时间等有关数学的知识。

（1）数的概念和运算。①10 以内的数（包括基数、序数、数的实际意义、数量的比较与守恒、相邻数、0 和 10 以内自然数列的差等关系）；②数数（唱数、手口一致点数、目测数、按群计数等）；③书面数符号（数字的认读、书写）；④数的组合与分解；⑤10 以内的加减运算。

（2）集合。①感知集合及其元素，进行物体的分类；②认识“1”和“许多”及其关系；③以对应的方法比较两个物体的数量相等和不等；④初步感知集合之间的交、差集关系和包含关系。

（3）分类与统计。①分类（一维特征、一维以上的特征、层级分类等）；②统计（在分类的基础上初步学会用简单的统计对资料作出分析，能看懂和学习用实物图示、图表和数符号等记录方式统计结果）。

（4）认识几何形体。①平面图形：圆形、正方形、三角形、长方形、半圆形、椭圆形、梯形。②立体图形：球体、正方体、长方体。③图形之间的关系与等分。

（5）量的比较与自然测量。①比较大小、长短、粗细、高矮、厚薄、宽窄、轻重、容积等量的差异；②感知量的正、逆排序，量的守恒，量的相对性和传递性；③自然测量。

（6）空间和时间概念。①空间方位：上、下、前、后、左、右、里、外、远、近等。②空间运动方向：向前、向后、向左、向右、向上、向下等。③区分早晨、晚上，白天、黑夜，昨天、今天、明天，星期、年月的名称及顺序。④认识时钟：长针、短针及其功能，认识整点和半点。

（二）幼儿园数学教育活动的路径与方法

1. 幼儿园数学教育活动的路径

幼儿园数学教育活动的路径是实施数学教育所采取的活动组织形式，其路径十分灵活且丰富多样，主要包括：①专门的数学教育活动，指教师组织或安排专门的时间让幼儿参加的专项数学活动，可细分为教师预定的数学活动（正式的数学活动）和幼儿自主选择的数学活动（非正式的数学活动）；②渗透的数学教育活动，指除专门的数学教育活动外，渗透于其他教育活动和幼儿日常生活中的数学教育活动，其中包括日常生活中的数学教育渗透、主题及其他各科教育活动中的数学教育渗透，以及游戏活动中的数学教育渗透。

2. 幼儿园数学教育活动的方法

（1）操作法。操作法是给幼儿提供合适的操作材料，让幼儿在自己摆弄材料的实践过程中进行探索，获得数学感性经验和逻辑思维能力的一种方法。操作法的特点是将数学概念转化成幼儿可以操作的学习活动。操作法的运用及注意事项如下：

第一，明确操作目的。教师在设计活动时，应尽量从幼儿操作开始，活动的整个过程以幼儿操作为主，让幼儿开动脑筋、探索知识并获得经验，教师在此基础上，再引导讨论操作的结果，达到帮助幼儿整理经验、明确概念的目的。

第二，创设操作条件，交代操作规则。教师应为幼儿提供可操作的合适的场地及足够儿童摆弄的物体，以及操作、思考、探索的时间。教师可以在幼儿动手操作之前先说明操作的目的及具体的操作方法，以保证幼儿的操作具有一定的方向性，减少盲目性、随意性。

第三，体现操作过程的层次性。幼儿学习特点和能力具有差异，操作活动在材料准备、活动方式、过程、要求等方面应体现差异性和层次性。如小班的幼儿不仅提供人手一份的操作材料，且要求动手摆弄的材料可多些；而大班幼儿的粘贴、涂色、记录等书面一类的操作材料可多些，且可以安排小组共用一份操作材料，培养幼儿的合作能力。

第四，评价操作结果。幼儿操作以后应该围绕操作所要达到的教学目的，和幼儿一起讨论他们操作的结果，帮助幼儿将他们在操作过程中获得的感性经验予以整理归纳，形成初步的数学概念。

第五，与其他方法有机结合。数学教育中充分发挥操作法作用的同时，也要考虑将其与其他方法有效结合，操作法可与分类、排序、比较、分合、计数等内容相结合，引导幼儿通过拼、摆、画、剪、贴、推、投等操作活动发挥每一种教学方法的优点，共同促进幼儿数概念和数思维的发展。

（2）游戏法。游戏法是将抽象的数学知识寓于幼儿感兴趣的游戏中，让幼儿在游戏活动中学习数学的一种方法，以完成一定数学教育任务的有规则的游戏活动。游戏法有利于调动幼儿学习的积极性和兴趣。游戏的类型包括：一是操作性数学游戏，是按照游戏规则，幼儿通过操作玩具和实物材料，从而获得数学知识的游戏活动。二是情节性数学游戏，是有一定的游戏情节、内容和角色，通过游戏情节的安排来体现所要学习的数学知识的游戏活动。这类游戏一般以一个主题贯穿整个游戏，较为适合年龄小的幼儿。游戏的过程不宜太新奇，规则不宜太复杂，以免分散幼儿的注意力。

游戏法运用时的注意事项包括：一是游戏的选择。每个数学问题都有其自身的特点，教师在选择游戏时，需根据数学内容和目标要求采取与之相适应的游戏活动来完成。二是时间的长短。小班幼儿的注意力一般只能集中 2~4 分钟，中班幼儿集中 3~8 分钟，大班幼儿集

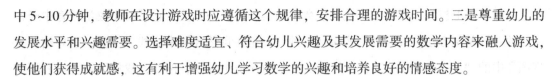

中5~10分钟，教师在设计游戏时应遵循这个规律，安排合理的游戏时间。三是尊重幼儿的发展水平和兴趣需要。选择难度适宜、符合幼儿兴趣及其发展需要的数学内容来融入游戏，使他们获得成就感，这有利于增强幼儿学习数学的兴趣和培养良好的情感态度。

（3）比较法。比较法是通过两个（组）或两个（组）以上物体的比较，让幼儿找出它们在数、量、形等方面的相同和不同的一种学习方法，被广泛运用到数学教育活动中。比较法的选择应根据不同年龄班幼儿的现有水平和教学内容来确定，其运用时的注意事项如下：

第一，要组织幼儿细致地观察物体的数量和形状特征，在充分观察的基础上，再进行数或形方面的比较。

第二，运用比较法不只限于让幼儿用视觉进行观察比较，还要尽量让幼儿亲自动手进行比较。

第三，在比较判断的过程中，教师要多提启发性问题（启发的问题应围绕目标，突出数、量、形的要求），以指导幼儿进行比较并进行正确判断。

第四，在运用重叠、并放、连线等比较形式时，教师应有意识地指导幼儿理解对应（匹配）的含义并使其掌握正确的对应技能。

（4）讨论法。讨论法是指教师引导幼儿有目的、探讨性地学习数学的一种重要方法，它是一种多边的活动过程，可以是教师与幼儿，也可以是幼儿之间的讨论。它能起到相互交流、相互启发、共同探究的作用；有利于幼儿进行分析与归纳，有利于幼儿对数的初步概念的形成及思维的发展。讨论法常常与操作法结合在一起使用。讨论法运用时的注意事项如下：

第一，要有讨论的基础。幼儿在开展讨论前需要有一定的知识经验和感性认识，因为幼儿只有有了一定的感性认识，才能对要讨论的内容作出积极的反应，才能接受讨论的最终结果。因此，操作体验是讨论的基础，讨论常常伴随着操作活动展开。

第二，要注重讨论的过程。幼儿数学教育的重点不在于传授知识，而在于促进幼儿思维的发展，因此，讨论的过程比结论更重要。在讨论过程中，教师要注意倾听幼儿的操作体验，观察分析幼儿在讨论中的反应，了解幼儿的思维形式和思维活动的过程，并在此基础上进行有针对性的引导。

第三，注重差异，因人施教。教师应让不同能力水平和性格特点的幼儿参与讨论活动，给幼儿更多自由讨论的空间、时间，在宽松自由、无拘无束的讨论环境中帮助儿童克服自卑感、紧张感，树立起他们的自信心，让他们大胆地说出自己的意见。当幼儿有了一定的基础之后，教师就可以提高问题的难度。

（5）寻找法。寻找法是让幼儿从周围的生活环境中寻找数、量、形及其关系，或在直接感知的基础上按数、形要求寻找相应数量的实物的一种方法。它是幼儿数学教育中经常使用的一种基本方法，其具体形式包括三种：一是在自然环境中寻找，例如，引导幼儿发现图片中的“一”和“许多”；二是在已准备的环境中寻找，例如，找找活动室里有哪些圆形的物体；三是运用记忆表象来寻找，可以启发儿童在直接感知的基础上运用记忆表象，寻找出相应的物体。寻找法不仅可以提高幼儿学习的积极性，使儿童的好奇心得到一定的满足，同时也有利于培养儿童的观察力、注意力和分析与综合能力。寻找法要根据具体的教学内容及儿童的年龄特点适宜地选用，避免追求形式。寻找法可以和游戏法相结合，特别是年龄小的儿童，可以利用游戏的口吻、游戏的情节及游戏的场景启发儿童寻找。教师对儿童的寻找要进行必要的引导和启发。

（6）启发探索法。启发探索法是指对一些数学知识、简单的数学逻辑规律等，用启发、引导的方式，让幼儿从已有的数学知识经验出发，自主探究、合作交流，通过积极的思考，探索并获取新知识的方法。它最显著的特征是让幼儿在学习中探究和在探究中学习。启发探索法的运用及注意事项如下：

第一，提供有利于幼儿探究发现的环境。例如，对 5 的组成，教师提供直观、具体的学习环境，启发幼儿思考“发现了什么”，让幼儿自主探究发现 5 的组成。

第二，充分发挥教师的启发、引导作用。教师通过多样性的提问，如正面提问、反面提问、开放性提问、拓展性提问等，给予幼儿较多的思考和探究的机会。例如，在学习比较物体数量的多少时，教师提问：“你可以用什么方法让苹果和梨一样多？”这个开放性的问题能引导幼儿采取添上或拿走两种方法解决问题。

教师要给幼儿交流和表达探究发现提供足够的时间，在幼儿思考探索的基础上，教师组织幼儿进行讨论交流，让幼儿有大量的机会表达自己的发现。

（7）讲解演示法。讲解演示法是在数学活动中将演示与讲解相结合的一种方法。教师通过操作演示教具的过程，把抽象的数学知识直观地呈现出来，同时通过生动、明确的语言对演示的过程进行说明和解释。讲解演示法既能使抽象的数学知识具体化、形象化，使幼儿获得丰富的、典型的感性材料，又能启发幼儿的思维，帮助幼儿理解所学内容的难点。运用讲解演示法要注意突出重点，突破难点；教具的演示要便于幼儿观察，启发幼儿思考；语言的讲解要明确、简洁、生动，始终突出幼儿是学习的主体。

总而言之，教学方法具有很大的灵活性和创造性，教师在选用具体方法时，应考虑教学目标、教学内容、教学对象等多种因素，让幼儿在有趣的学习中得到初步数学知识的启蒙，从而促进幼儿思维的发展。

第四章 幼儿园教育教学活动设计Ⅱ

第一节 幼儿园音乐与美术教育活动

一、幼儿园音乐教育活动

幼儿园中的音乐教育活动，是指以丰富多样、符合幼儿身心发展规律的音乐为素材，通过歌曲演唱、舞蹈韵律、乐器演奏、音乐欣赏等多种形式开展的教育活动，其目标是培养幼儿基本音乐素养，发展幼儿的艺术审美感受力，帮助幼儿获得身心的全面发展。

（一）幼儿园音乐教育活动的作用

“音乐教育活动的开展是幼儿音乐教育不可或缺的重要内容，在活动开展的过程中，师幼互动、幼幼互动能营造温馨活跃、趣味生动的活动氛围，这对音乐教师的‘教’和幼儿的‘学’具有双向的促进作用。”① 幼儿在音乐教育活动中的收获主要有以下三个方面。

第一，培养基本音乐素养，通过幼儿园的音乐教育活动，幼儿的旋律感、节奏感、音乐表现能力得到了开发，学会了音符、节拍等基本音乐知识，掌握了一定的歌唱、舞蹈、演奏技能，为今后的音乐欣赏、表演、创造奠定了基础。

第二，获得身心的全面发展。在情感方面，幼儿在音乐活动中体验到了积极正面的快乐情绪，感受到了自我表达与创造的乐趣，增强了自信心，培养了积极参与集体活动、与人合作的精神。在身体方面，幼儿通过唱歌、跳舞、奏乐、欣赏，眼、耳、口、手的协调能力得到发展，身体动作的协调平衡能力得到提升，对血液循环、呼吸系统等都起到保健作用。在智力方面，幼儿参与音乐活动对想象力、感知力、记忆力均有促进效果，有利于幼儿的大脑神经敏感度提升，右脑潜能得到开发。

第三，发展艺术审美感受力。艺术是一个社会精神的记录，一个人可以通过读书去了

①高春凤. 幼儿园音乐教育活动中的师幼互动探微［J］. 中外交流，2017（3）：275.

解文化，但他只有真正地思考文化中的艺术和倾听文化中的音乐，才可能真正体验到文化的精髓。艺术教育的重要作用就是促进个体文化及社会文化的发展与完善。幼儿在音乐教育活动中，能学会积极理解和感受音乐作品所表达的内容、情感及其表现的手段和形式，并在此基础上学会有感情地表现音乐作品，用音乐进行表达与创造，通过开发音乐审美能力来提高文化的感知和理解能力。

（二）幼儿园音乐教育活动的目标与内容

1. 幼儿园音乐教育活动的目标

（1）幼儿园音乐教育活动的总目标。根据《幼儿园教育指导纲要（试行）》，幼儿艺术领域的目标为：①能初步感受并喜爱环境、生活和艺术中的美。②喜欢参加艺术活动，并能大胆地表现自己的情感和体验。③能用自己喜欢的方式进行艺术表现活动。这就要求幼儿教育工作者要充分创造良好的音乐环境，充分提供幼儿接触和体验音乐的机会，通过设计有趣的歌唱活动、韵律活动、乐器演奏活动、音乐欣赏活动等多种形式，让幼儿参与其中，通过感受和表现音乐，体验音乐活动的乐趣，丰富幼儿的想象力与创造力，初步培养幼儿发现美、感受美、表现美、创造美的情趣和能力，并从音乐活动中发展自我表达与沟通合作的能力，培养自信、乐观、友善等优秀品质，促进幼儿人格的全面和谐发展。幼儿园音乐教育活动的总目标，是幼儿园音乐教育的总任务和总要求。

（2）幼儿园音乐教育活动的年龄阶段目标。幼儿的音乐能力在3~6岁时有着迅速的发展，幼儿的音乐意识开始觉醒，对音乐有了积极的反应，他们开始专注地倾听悦耳的声音，喜欢发自本能地模仿或唱出一些旋律性的音调，喜欢探索和实验各种节奏律动，喜欢尝试操作乐器等各种物体，对其发出的声音表现出极大的兴趣。在此阶段，幼儿不断地从外界环境吸收越来越多元、越来越复杂的音乐材料，对音乐的反应程度也不断地深化和增长，对音乐的表达能力和创造能力也不断提升。因此，需要将幼儿园音乐教育的活动目标按照年龄划分层次，依照循序渐进的系统化原则，对不同年龄阶段幼儿的音乐教育活动目标分别进行表述。

根据《3~6岁儿童学习与发展指南》，幼儿艺术领域学习的关键在于充分创造条件和机会，在大自然和社会文化生活中使幼儿萌发对美的感受和体验，丰富其想象力和创造力，引导幼儿学会用心灵去感受和发现美，用自己的方式去表现和创造美。

（3）幼儿园音乐教育活动目标制定的要求。目标要以幼儿作为行为发出的主体。幼儿园音乐教育活动是以幼儿为主体的，活动服务于幼儿，满足幼儿的需要，能帮助幼儿的成长，以幼儿作为行为发出主体的目标描述，更能让教师明确幼儿需要学习的内容，以及幼儿在活动中可能得到的收获，也更容易检验幼儿是否掌握了所要学习的知识与技能，教学目标是否达到。因此，以教师作为行为发出主体的“教给幼儿……启发幼儿……培养幼儿……”的表述应改为“理解……熟悉……学会唱……尝试……能进行……体验……”等以幼儿作为行为发出主体的表述句式。

目标要系统化，符合幼儿的学习需要与能力发展水平。在制定目标时，需要将学习时间和学习内容纳入考虑范围，也就是认真思考幼儿如何在某一时间段通过一系列的音乐活动能循序渐进地掌握某种音乐知识和技能。例如，幼儿在开始的一系列活动中，需先充分感知音乐的节拍，并能辨认强拍、弱拍，然后在下一系列活动中，学会倾听进行曲节奏，并随着节奏做身体律动，最后阶段的活动目标，是使幼儿学会随着进行曲节奏一边行走一边做打鼓的动作，编排出简单的打击乐队，等等。因此，教师在制定音乐活动目标时，眼光不应局限在单次活动中，而要关注幼儿音乐能力的持续增长与深化。

目标要具体、可检验，目标的表述应为行为描述，为了使目标更好地服务于幼儿的学习，不要采用笼统、模糊、概括性的描述。例如，“学会歌曲中的音乐知识，训练幼儿动作的灵活性、协调性”这样的表述，就过于抽象，没有明确幼儿需要学会的具体音乐知识点，幼儿需要掌握的具体的动作，如何通过特定动作训练幼儿动作的灵活性、协调性等。教师在撰写活动目标时，应认真仔细分析音乐材料所蕴含的知识、技能点，将适合本班幼儿学习的知识、技能点提炼出来，结合本次活动的需要，从“幼儿具体要学会什么”的思考出发，进行详细具体的行为描述，这样的目标是可以被检验的，能在活动结束后评估幼儿是否已经达成目标。

目标要注重音乐综合能力的发展。在传统音乐教学活动中，往往过分注重幼儿的记忆、模仿等机械再现音乐作品的能力，在活动中主要关注幼儿是否“会唱”某支歌曲，“会表演”某种动作或“会演奏”某种乐器，而教学活动也往往以教师示范、幼儿模仿来完成。这样的音乐活动单一片面，不符合幼儿全面发展的需求，还可能因为要求高、形式枯燥而让幼儿产生畏惧心理。这就要求教师在制定活动目标时，不但要考虑到音乐知识与技能的传递，更要给幼儿充分的机会自由表达，发挥想象力进行自主创编，还要兼顾幼儿的情感体验，让幼儿在活动中充分体验到快乐，理解音乐作品所表达的各种审美情感。另外，自我表达、自我管理、社会交往、社会合作等个性发展和社会性发展也要在目标中体现。

2. 幼儿园音乐教育活动的内容

在实践中，根据出发点和侧重点的不同，幼儿园音乐教育活动往往分为歌唱活动、奏乐活动、韵律活动、音乐欣赏活动四个内容进行，具体如下：

（1）幼儿园歌唱活动的内容。唱歌教学是最传统、最为普遍运用的音乐活动内容，在幼儿园音乐教育中居重要地位。从幼儿角度而言，声带是每个幼儿都有的天然乐器，是幼儿用来表达自我的主要渠道，幼儿天然乐意歌唱。从教学角度而言，歌唱活动可以随时随地组织，很少受客观条件限制，歌唱活动也被教育实践者认为是比较容易进行的。然而，幼儿的声带发育尚未完好，在音准、音域方面都受到限制，另外，新时代背景对传统的“老师示范，幼儿模仿”的单一教学模式提出了新的挑战，活动的创意性、趣味性受到了重视。是否给幼儿体验和创造的空间，能否促进幼儿的全面发展，教学方法是否具有科学性、适宜性，均值得认真思考。

幼儿园歌唱活动的创新性建议：

第一，鼓励幼儿自主创编新歌词。幼儿会自发地“发明创造”新歌词，将自己的想象或身边的小事编成歌词，即兴地加入已经学会的歌曲中，这种幼儿自发创编的歌曲，往往能激起幼儿及同伴的兴趣，迅速在小伙伴中流传开来。教师可以在歌唱活动中，将歌曲中某些特点突出印象深刻的部分，留给幼儿作为创编歌词的机会，不但可以调动幼儿参与活动的兴趣，还能开发幼儿的创造性。

第二，鼓励幼儿自主创编表演动作。为了帮助幼儿更好地理解和体验歌曲，也为了满足幼儿好动的特性，教师可以在歌唱活动中留给幼儿自主创编表演动作的机会，将一些具有情节性、重复性的片段拿出来，让幼儿发挥想象力，一边歌唱，一边用身体动作表现歌曲所描述的内容。

第三，充分抓住生成性教育机会，引导幼儿体验歌曲中的情感及教育意义。这就要求要给幼儿足够的空间进行思考、感受所学的歌曲，在幼儿充分感受歌曲所传达的内容和意义后，所提出的生成性问题，可以成为教师对幼儿进行情感和社会性教育的良机。

（2）幼儿园奏乐活动的内容。幼儿园所组织的奏乐活动一般为打击乐演奏活动。幼儿对演奏乐器表现出极大的热情，乐器为幼儿提供了视觉、触觉和听觉的体验。对幼儿而言，乐器是一些能发出悦耳声音的玩具，幼儿乐于用乐器去探索各种音色和节奏，乐器成为幼儿想象力的一个出口。教师应该在幼儿的表达欲望与乐器之间找到一个桥梁，鼓励幼儿用乐器去自由表达他们的想象世界。幼儿在奏乐活动中，能提高对音色的辨别力，也能更深刻地感受音乐的节奏、节拍、重音等要素。另外，幼儿从 5 岁开始是小肌肉迅速发展的时期，而声带还十分娇嫩，没有发展到完好地被大脑控制的水平，因此，器乐教育是进行幼儿音乐教学的良好手段。

让幼儿自行挑选合适的乐器去模仿演奏。开发幼儿想象力、创造力、动手能力的另一个手段是引导和鼓励幼儿自制乐器并演奏。在科尔曼的儿童创造性音乐实验中，就有大量的制作乐器活动。幼儿学会用椰壳、调料盒等做鼓，在葫芦中放上石子制作沙锤，用装着不同水量的杯子做水杯琴，用龟壳做里拉琴。幼儿在用不同的物体材质制作乐器的实验中，也对音质有了更多的体验。

（3）幼儿园韵律活动的内容。韵律活动是将身体动作与音乐相结合的活动，包括律动操、集体舞、韵律游戏、动作造型等多种形式。在韵律活动中，幼儿在音乐的伴随下做动作，要求幼儿的动作符合音乐的情绪、节奏、力度的变化，使音乐变得更加直观，有助于幼儿深入理解音乐的内容、表情、曲式、风格，锻炼幼儿的身体协调能力，开发幼儿多重感官体验和表现音乐的能力。

各年龄阶段幼儿的动作能力发展。①3~4 岁的幼儿：此年龄阶段的幼儿能感知节拍，并随着节拍做简单的动作，能在动作中感受音乐的速度，并通过动作体现出来。教师可以设计简单的律动操，或一些短小的音乐游戏和舞蹈。②4~5 岁的幼儿：此年龄阶段幼儿的动作能力有了较大发展，有了一定韵律活动经验，能较好地与音乐合拍，动作更加轻松、灵活。③5~6 岁的幼儿：此年龄阶段幼儿的动作已能完全和音乐一致，可以随节拍的快慢改变动作的速度，能在动作中体现节拍重音。

（4）幼儿园音乐欣赏活动的内容。古今中外有一些优秀的音乐作品，具有生动的艺术形象和极高的审美价值，教师可以挖掘出这些作品的潜在教育价值，促进幼儿的发展。幼儿能从优秀的音乐作品中体会到音乐描绘的各种意境，初步感知各种乐器的音色，初步领略古典音乐的美好。音乐欣赏活动能为幼儿打开更为广阔的音乐世界，可供幼儿欣赏的音乐作品具有更加多样的风格，更加广泛深刻的题材内容，可以更好地丰富幼儿的音乐体验，提高幼儿的艺术感受力、理解力和审美能力。

对幼儿而言，将音乐欣赏变为可视化、可参与的音乐活动，更容易唤起儿童对音乐的兴趣。因此，教师可以设计讲故事、启发幼儿自由联想、绘画、音乐游戏等多个环节，为音乐欣赏活动增加趣味性。音乐欣赏活动最重要的是帮助幼儿全方位地理解音乐，沉浸在音乐之中。

（5）幼儿需要学习的音乐要素。在幼儿园音乐教育活动中，要求幼儿能感知各种音乐要素，以及它们在音乐中的作用，这样才能培养幼儿敏锐的音乐审美能力。音乐要素包括节奏、旋律、和声、曲式、结构、音色、力度、速度、风格等，为更有效地达成幼儿园音乐活动中的音乐认知目标，往往需要教师列出本次活动需要学习的具体音乐要素。以下从幼儿应当学习和掌握的音乐要素进行阐述：

第一，节奏。节奏感的发展对幼儿日后的音乐敏感力发展非常重要。节奏是有一定模式的声音的动与静的组合，是构成音乐的骨架。节奏是音乐中最容易被人们感知的要素，幼儿在听到节奏感强烈的音乐时，会自然地随着音乐的拍子摆动身体，当幼儿在被教唱歌曲时，也是最容易被节奏吸引注意力的学习。有节奏的运动，是促进幼儿认知发展的重要手段。幼儿的节奏学习，主要是拍子、重音、节拍、时值，可以从幼儿熟悉的音乐入手，先让幼儿对节奏有了听觉体验之后，再教相应的节奏符号。在幼儿园音乐教育实践中，教师可以设计韵律操，让幼儿随着拍子和音乐进行拍手等律动，或者进行语言节奏练习，用不同的拍子来朗诵儿歌、童谣，都能让幼儿对节奏有直观的体验。

第二，旋律。旋律是被完整感知的一组音，人们能感知到一首优美歌曲中音的高低起伏，所以对旋律认知在于对音的高和低的理解。幼儿学习旋律的层面包括感知音的高低、感知旋律线、感知旋律的调性。幼儿对旋律的认识可以从感知音高开始，例如在幼儿的探索中，会发现大的物体发出的声音低，小的物体发出的声音高，这时教师可以通过画一只飞到天上的小鸟来表示高音，一只躺在地上的大狗熊表示低音。理解音的高低概念后，幼儿可以学习感知音高和旋律的轮廓——旋律线。它由一组不同音高的音构成。幼儿可以感知到旋律线的上行（音高逐渐变高）和下行（音高逐渐变低），教师可让幼儿通过身体动作（如向上或向下挥手）感知旋律线，或者画出旋律进行的线条。柯尔文手势或简化的两线谱也是帮助幼儿直观认识旋律的方法。在幼儿对音高和旋律线有一定的感知后，教师可以帮助幼儿学习首调唱名法，让幼儿理解并有调性地唱旋律，建立调性的概念。

第三，和声。幼儿对和声的理解要比其他音乐要素晚些，多旋律、多个音同时响起，对幼儿而言比较复杂，但教师仍然可以通过多种方式让幼儿初步感知到和声。如运用节奏性或旋律性的固定音型进行演唱或演奏。

第四，音色。感受音色是儿童早期乐感发展中的一个重要兴趣点，相同的旋律可以用不同的音色来表达，产生不同的效果。儿童早期已经开始敲击并聆听各种物品，让玩具发出各种声音，自主地探索各种不同的音色了。教师可以在幼儿园音乐教育活动中引导幼儿探索各种乐器，甚至自然界各种声音的音色，还可以用不同音色的乐器为小故事伴奏，一起探讨音乐中不同音色带来的效果。

第五，结构。每首乐曲都有自己的内在结构，通常表现为乐曲的重复和变化。幼儿园音乐教学活动中，可以让幼儿从乐句的重复开始感知乐曲的结构。许多儿童歌曲都由明显的乐段组成，常见的有乐段“A+B”组成的二段式，也有乐段“A+B+A”组成的三段式。教师可以通过图画和不同动作表示乐曲的乐段，帮助幼儿认知乐句和音乐结构。

（6）幼儿园音乐教育活动中的音乐素材选取。在幼儿园音乐教育活动中，幼儿是活动的主体，音乐是活动的载体，音乐必须服务于幼儿，帮助幼儿成长。因此，幼儿教师在选取幼儿园音乐教育活动的音乐素材时，要从幼儿的生活环境和成长需要出发。幼儿园音乐教育活动中使用的音乐素材一般而言有两种来源：

第一，幼儿非常喜爱的音乐。一切幼儿喜爱的音乐均有被开发成一场精彩的音乐活动的潜能。一般而言，幼儿喜欢节奏鲜明、旋律简洁优美、富有童趣的音乐，这类音乐往往具有生动的故事情节、描述幼儿喜爱的形象，具有一定教育意义。这类音乐的内容多样，主要有幼儿歌谣、民间音乐、古典音乐等。在幼儿园音乐教育活动的设计中，老师不该局限在某一特定范围的少数几首儿歌中。幼儿教师必须在音乐领域广泛涉猎，平日多多积累音乐素材，凭借丰富的专业知识和实践经验，敏锐地挖掘适合幼儿音乐活动的素材，将这些素材进行改编、创造，设计出幼儿喜爱、寓教于乐的音乐活动。

第二，幼儿自发创造的音乐。除了上述现成的音乐外，幼儿在平日生活玩耍或参与音乐活动时自己创造出来的音乐，也可以作为幼儿园音乐活动的良好素材。幼儿在自由玩耍、游戏的时候，会本能地创造出一些原始的音乐片段。幼儿对音乐的创造性探索在婴儿时期就开始了，音乐是幼儿的自我表达方式之一，幼儿往往会探索和创造各种声音、节奏来表现自己的情绪、叙述一段小事，或者进行游戏、自我娱乐。在现今幼儿音乐教育理念中，培养幼儿的创造力备受重视。在幼儿园音乐活动设计中，往往会设计幼儿参与音乐创编的环节，这些由幼儿在活动中创造的新音乐，以及幼儿在平日玩耍时自发创造的音乐片段，幼儿园教师可以有意识地记录、选摘、改编、加工，作为今后音乐活动的素材。使用幼儿自发创造的音乐作为活动素材，不仅尊重了幼儿的自我表达，提高了幼儿的参与度、积极性，还能充分让幼儿感受到创造和表达的乐趣。

需要注意的是，并不是所有的音乐都能作为幼儿园音乐教育活动的素材，现在市面上流行的音乐不乏粗制滥造、趣味低级的作品。教师在使用流行音乐作为活动素材的创新尝试时，应该排除过分嘈杂尖利、损坏幼儿听觉和音乐感的歌曲，以及充满负面情绪的音乐。总而言之，教师选取的音乐，应该是具有较高审美趣味，能帮助幼儿精神成长的音乐。

（三）幼儿园音乐教育的途径与方法

1. 幼儿园音乐教育的途径

（1）专门性的音乐教育活动。专门性的音乐教育活动，指的是教师按照幼儿园音乐教育的目标，有计划地选择音乐的主题和材料，安排专门的时间和场地，专门设计和组织的幼儿音乐活动。根据活动内容的侧重点不同，可以将专门性的音乐教育活动分为唱歌活动、奏乐活动、韵律活动、音乐欣赏活动。

（2）渗透性的音乐教育活动。渗透性的音乐教育活动，指的是那些没有以专门设计的音乐活动的形式出现，整合或贯穿于幼儿园一日生活、主题活动中的音乐教育活动。

第一，幼儿园一日生活中的音乐教育活动，在幼儿一日生活的各个环节，如吃饭、睡觉、运动、游戏、阅读的时候，教师可以播放优美音乐，用音乐律动来作为组织纪律的口令，或者玩音乐小游戏等，将音乐教育活动灵活地渗透到幼儿一日生活中。

第二，幼儿园主题活动中的音乐教育活动。幼儿音乐活动也可以整合在其他领域的主题活动、综合主题活动中，如音乐诗朗诵、数数歌、英语儿歌、儿童剧表演等。

2. 幼儿园音乐教育活动的设计与组织方法

（1）幼儿园歌唱活动的设计与组织。

第一，幼儿歌曲的选择，从歌词方面给幼儿选择歌曲。首先，要求歌词足够简单，符合该年龄阶段幼儿的理解水平；其次，歌词最好有重复，有着大量重复、对仗工整的歌词，便于幼儿记忆，也留给幼儿自主创编新歌词的空间。在歌词的内容上，描述幼儿日常生活、大自然、动植物的题材会让幼儿感到亲切熟悉，富有童话性、幻想性的歌词，塑造生动的形象，描述有趣的情节，也是很受幼儿欢迎的。这样的歌词能够让幼儿更加投入感情地去体会、学习和歌唱，让歌唱成为幼儿发自内心的自然表达。从歌曲方面给幼儿选择歌曲。幼儿声带处于发育期，音色较清脆，一般能唱小字一组 c~a 之间的音，加上幼儿音准控制能力较差，因此，应该为幼儿选择在他们能舒适自然发音的音域内，旋律简单的歌曲，相邻音符的音程最好在三度以内，尽量不要出现音程跨度过大的旋律。另外，幼儿肺活量小，呼吸短促，吐字不清晰，为幼儿选择的歌曲节奏不宜过快，音符时值不宜过长。对较小年龄的幼儿，尽量不要选择有十六分音符、附点音符、切分音的歌曲，这些相对复杂的知识点和技巧应在幼儿掌握基本音准和节拍后逐渐加入幼儿的学习中。

第二，幼儿歌唱活动的设计方法。①从情境开始。幼儿歌曲的情境，可以是一幅美丽的画，或者是某种生动的形象，或者是一个有情节的故事，如有一些经典的儿歌的歌词描绘了一幅生动的画面，教师可以为这些画面编一个小故事，或者向幼儿提问，用幼儿的回答揭示完整的歌词。这样的设计，可以让幼儿对歌曲有一个感性的认识和直观的感知，幼儿先被故事和画面吸引，充分了解了歌词所呈现的内容，教师再从语言角度教幼儿相应的歌词。②从朗诵开始。在展示歌曲情景之后，教师可以带领幼儿将歌词有节奏地朗诵，或者是一些具有“无意义”音节的歌词，难以用情节和画面来展示的歌词，教师可以直接用童谣的方式教幼儿有节奏地朗诵歌词，在幼儿学会有节奏地朗诵歌词后，教师加上旋律，完整地教幼儿把歌曲唱出来。③用动作辅助。有些儿歌描述的是一些很明显的动作，可以先让幼儿学会这些动作，再组织幼儿有节奏地表演动作。在幼儿表演动作的过程中，教师可以把歌词配合着动作有节奏地唱诵出来，最后加上旋律，教会幼儿演唱全曲。④用画面辅助。画面辅助可以在歌曲情境导入时使用，帮助幼儿理解歌曲，也可以在幼儿学会唱全曲后，作为幼儿对歌词记忆的辅助。幼儿对文字的阅读能力有限，具有提示情节发展和场景变换的连环画、多联画等，可以很好地帮助幼儿记忆歌曲的发展和段落。⑤用歌词创编延伸。在幼儿充分掌握新学的歌曲后，教师可以邀请幼儿为歌词作创编，调动幼儿对歌唱活动的积极性，增加幼儿对所学歌曲的兴趣，加深幼儿对新学歌曲的印象。一般而言，有着可重复的歌词是创编的较好素材。⑥用游戏辅助。一些儿歌本身就是为幼儿游戏而写成的歌曲，如《丢手绢》和《找朋友》，儿歌游戏可以在活动开始的环节使用，教师先教会幼儿游戏的动作和规则，让幼儿把游戏玩起来，在幼儿玩游戏的过程中，教师教唱歌曲；游戏也可以在幼儿学会唱歌曲后进行，作为对新学歌曲的巩固。

第三，幼儿歌唱活动的组织要求。①示范准确。教师首先要保证自己示范唱歌时的音准和节奏是正确的，这是保护和培养幼儿乐感的基本要求，不然会给幼儿的音准和听力带来极大破坏。②伴奏合理。教师要掌握基本的伴奏技巧。首先要确定歌曲的主旋律和风格，选择好和弦和适合歌曲风格的伴奏音型。幼儿歌曲所使用的和弦较为简单，一般用Ⅰ级、Ⅳ级、Ⅴ级和弦就可以满足大部分伴奏需要。幼儿歌曲的风格大致分为抒情曲、舞曲、进行曲三种，教师在把握歌曲的整体风格后，选择相应的节奏音型。③前奏帮助幼儿齐唱。前奏有提示歌曲的情绪、速度、音高的功能，但教师不能随意变换前奏，应该让幼儿充分熟悉前奏，听懂前奏和呼拍的指令。教师的伴奏要突出主旋律，音量不能盖过歌声。④情感处理得当。教师在教学过程中，要考虑歌曲的主题思想和情绪表达，思考用什么样的速度、力度、音色来表现，使歌曲更有表现力，幼儿能更好地把握歌曲的情感。

幼儿教师科学地教幼儿歌唱的方式：首先，歌曲音域最好在小字一组的 c～a 之间。幼儿最自然的发音区域是小字一组的 c～a 之间，在此音域内的歌曲，幼儿学习起来轻松自然，容易掌握。其次，教会幼儿轻声、清楚、自然、有控制地发声，在幼儿园歌唱活动中存在的普遍问题是幼儿不懂得正确控制嗓音，唱歌变成了“大声喊叫”，教师应该从教会幼儿轻声自然地使用声音入手，这不但有利于保护幼儿的嗓子，还能帮助幼儿准确辨别音准，学会有控制地进行情感表达。最后，应从下行小三度音程开始，多练习“So La Mi”音型。在对 3 岁幼儿进行发音教学时，应从婴幼儿最早获得的音区小字一组的 a（每秒钟振动 440 次的标准音）开始逐渐向下唱。在歌唱教学活动的初期，应尽量选用符合此规律的歌曲。

（2）幼儿园奏乐活动的设计和组织。具体如下：

第一，幼儿园奏乐活动的素材选取。

音乐的选择。幼儿园奏乐活动往往让幼儿以简单乐器（主要是无固定音高的打击乐器）对原始音乐作品进行伴奏的形式进行。对原始音乐作品的选择，要以结构工整、旋律清晰优美、节奏鲜明、富有特点为标准，一般为进行曲、舞曲，以及节奏鲜明旋律优美的民间乐曲，还有幼儿熟悉与喜爱的儿童歌曲等。

乐器的选择。幼儿园中常见的乐器种类，包括有固定音高的乐器和无固定音高的打击乐器。有固定音高的乐器，在奥尔夫音乐教学体系中，有大量针对幼儿特点进行改良的钟琴、木琴、钢片琴、竖笛、低音提琴、吉他等。这些乐器经过改良后简单易用，幼儿无须经过冗长枯燥的技术练习即可操作，幼儿可用来奏出带有旋律的乐曲，探索和感知不同的音色、音高。无固定音高的打击乐器。打击乐器是幼儿园教学实践中最常见的乐器，许多打击乐器都不需要肌肉细微调节做精密运动，容易被幼儿掌握，包括铃鼓、手鼓、木鱼、三角铁、沙锤等。由于打击乐活动经常以伴奏、集体演奏的方式进行，对幼儿节奏感、合作意识、集体观念的培养都有很大帮助。

在国内幼儿园奏乐活动实践中，往往以打击乐器演奏活动较为常见。活动中，音乐的主旋律是由教师演奏或者由录音带播放，幼儿无须负责音准和节奏，仅需用打击乐器进行伴奏，参与到音乐作品中来，让音乐作品更加丰富。选择打击乐器要与幼儿使用乐器的能力相匹配，以大肌肉（手臂）动作为主、手眼协调要求较低的动作为主，乐器的使用最好是简单的和多重复的，不宜过多复杂变化。

第二，幼儿园奏乐活动的设计方法。

充分倾听音乐。对原始音乐作品的充分倾听是奏乐活动教学的第一步。从教师教学的角度而言，教师设计幼儿奏乐活动前，首先要将原始音乐作品吃透，把大结构划分出来，仔细吟唱体会各个段落、乐句，把结构中各部分的具有突出特点的节奏型和音色提取出来，考虑所选用的乐器，以及齐奏、合奏、轮奏等形式。从幼儿学习音乐的角度而言，活动的第一步也应该是让幼儿对音乐作品的旋律、节奏、情绪、风格从整体上进行感知、把握。

巧妙设计总谱。组织一个多声部的乐队，有必要使用总谱，然而我们常用的简谱、五线谱形式的总谱，对幼儿而言难度较大，为了减轻幼儿在学习中的认知负担，幼儿教师通常会使用以动作、图形来表示的动作总谱或图形总谱。例如，教师用简笔画画出生动俏皮且特征明显的沙锤、铃鼓、木鱼、军鼓等，设计出幼儿能轻易辨认和读懂的简单“总谱”，让幼儿一眼就能看明白乐曲进行到何处应该使用怎样的乐器。

第三，幼儿园奏乐活动的组织要求。

活动开始环节。教师要训练幼儿，使其在听到音乐的相关信号后，整齐地将乐器拿出来。乐器拿出来后，不演奏的时候要将乐器放好，不发出声音。幼儿需学会看指挥者手

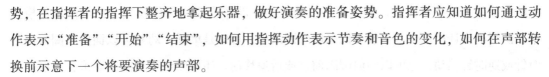

势，在指挥者的指挥下整齐地拿起乐器，做好演奏的准备姿势。指挥者应知道如何通过动作表示“准备”“开始”“结束”，如何用指挥动作表示节奏和音色的变化，如何在声部转换前示意下一个将要演奏的声部。

活动进行环节。教师要训练幼儿学会眼睛注视指挥者，注意倾听音乐和他人的演奏，努力与音乐旋律节奏及他人的演奏相协调，演奏的时候注意力集中，不演奏的时候保持安静，不要做与演奏无关的事情。在拿起、放下、交换乐器时，要做到安静迅速，不发出桌椅和乐器碰撞的声音。

活动结束环节。教师要训练幼儿按照指挥者的手势将乐器放好，在教师指导下把乐器放回原来的位置。

（3）幼儿园韵律活动的设计和组织。具体如下：

第一，幼儿园韵律活动的素材选取。

音乐的选择。比较适合作为幼儿园韵律活动的音乐素材类型有两种。第一种是节奏性强的中外民间舞曲、舞蹈音乐、轻音乐，这类音乐节奏明显，风格活泼轻快，可以根据幼儿音乐教育活动的需要进行节选和改编，同时，这类音乐有着明显的节拍，让幼儿听了就想跟着音乐动起来。第二种适合幼儿园韵律活动的音乐是有故事情节、有情景画面的音乐，根据故事和情景的不同，可以是欢快的，也可以是舒缓的，这类音乐带有特定的情感色彩，能给幼儿表演的空间，以及发挥想象力和创编动作的空间。

动作的选择。幼儿园韵律活动的动作一般分为“一般生活动作”“律动模仿动作”和“舞蹈动作”。“一般生活动作”指的是走、跑、跳、点头、摇摆手臂等日常生活中经常出现的动作，在一些节奏明快的音乐中，教师可以设计或让幼儿创编与音乐表达相吻合的动作，让幼儿通过这些简单易学的动作随着音乐进行律动，以充分感知音乐的旋律传达的信息。“律动模仿动作”指的是对外界进行象征性模仿的动作，如挥舞手臂表现小鸟飞翔，手指举到头顶蹦跳模仿小兔子，模仿刷牙、洗手帕、拔萝卜、摘果子的动作等。在一些描述日常生活情节或生动形象的音乐中，教师可以创编或鼓励幼儿自主创编能反映音乐所展现的情景或形象的动作，加深幼儿对音乐的理解，提高幼儿对活动的兴趣。“舞蹈动作”指的是根据幼儿需要和发展水平，改编中外舞蹈艺术的艺术动作。“一般生活动作”和“律动模仿动作”可以由教师给予幼儿机会充分自主模仿探索，而“舞蹈动作”难度稍高，应由教师根据实际需要，逐步在中班、大班阶段加入。

第二，幼儿园韵律活动的设计方法。

集体舞的设计方法。幼儿园韵律活动中的集体舞指的是多个幼儿组成一个整体进行舞蹈律动，这种形式的韵律活动有助于培养幼儿的整体感和集体感，是幼儿发展空间概念和人际交往能力的重要渠道。集体舞可以采取集体动作模式和舞伴模式。在集体动作模式下，队形的设计很重要，一般可以采取圆圈队形，可以是单圆，幼儿可以面向圆圈方向顺时针或逆时针移动，也可以面向圆圈前进或后退移动。还可以组成双圆圈队形，一般是大圆圈在外小圆圈在内，在此基础上做面向圆圈上或面向圆心同向或反向移动。舞伴模式可以是在队形状态下，也可以是在自由空间状态下。在舞伴模式下，两个以上的幼儿共舞，有固定舞伴模式和更换舞伴模式。固定舞伴的模式下，无论在队形状态下还是在自由空间状态下，幼儿都只需要跟特定的一个或数个舞伴共舞。更换舞伴模式下，教师可以设计简单易操作的舞伴更换规则，如双圆圈连续更换舞伴模式。

音乐故事表演的设计方法。此类韵律活动包含了一个有情节的故事，首先要让幼儿聆听音乐，给幼儿讲述音乐中表现的故事，让幼儿充分熟知故事情节、角色形象、情感表达，然后让幼儿依据故事的发展和角色的特点来创编动作。最后让幼儿一边听音乐一边大胆地表演动作。在活动过程中，可以让幼儿分组表演，扮演不同角色。在音乐故事表演的韵律活动中，教师要给幼儿足够的审美想象空间，也要给幼儿足够的支撑，如用表示故事发展顺序的连环画、背景图来作为动作变换的提示。

律动操的设计方法。组织幼儿进行律动操的过程一般有三个阶段：第一个阶段是音乐感知。让幼儿充分熟悉音乐，了解音乐的节拍和结构，感知音乐所表达的情感和所描绘的画面。第二个阶段是动作观察与模仿。幼儿在此阶段中观察和模仿教师的示范动作、其他幼儿的示范动作，或者音像制品里的示范动作，还可以观察和模仿生活中或大自然中各种事物提供的造型形象和运动方式。第三阶段是动作探索与创编。在幼儿掌握了基本的律动动作后，教师可以引导幼儿根据音乐的特点向幼儿提问，探索尝试更丰富的动作，或者给幼儿完全的自由创编空间，让幼儿根据音乐的特点，发挥想象力，自主创编新动作加入律动操中。

韵律游戏的设计方法。韵律活动可以设计成丰富的音乐游戏，如控制游戏、身体接触游戏、猜谜游戏、领袖模仿、追逐游戏、快速反应游戏等。

音乐游戏的设计步骤：第一阶段是让幼儿充分地感知音乐，尤其是对音乐的节奏以及段落结构的感知；第二阶段是讲解游戏的规则和玩法，并邀请幼儿上来示范练习；第三阶段是教师创设情境，引起幼儿对游戏的兴趣，正式进入游戏环节。在此阶段，教师应该让幼儿自愿选择所担任的角色，并有意识地让更多的幼儿担任主要角色。

第三，幼儿园韵律活动的组织要求。

口头讲解与身体示范相结合，手把手纠正动作。对较复杂的动作，教师应该进行动作分解示范，并用明确的语言进行讲解。教师可以把口令指示和音乐节拍结合起来，如

“左、二、三，右、二、三”。在动作纠正上，教师应该手把手地教幼儿正确动作，让幼儿获得相应的肌肉感觉记忆。

情绪调整与纪律控制相结合，培养幼儿学习素质。幼儿处于个人神经系统发展兴奋强于抑制的阶段，韵律活动是不稳定因素大于稳定因素的活动。为了将幼儿群体的情绪始终保持在舒适的、适度兴奋的水平之内，教师应该学会巧妙地设计和控制活动，动静结合，避免幼儿产生涣散感、茫然感、焦虑感等消极情绪，同时也要注意幼儿出现推搡、打闹等兴奋扩散状态，帮助幼儿学会在集体活动中拥有正确的人际交往态度和行为。

（4）幼儿园音乐欣赏活动的设计和组织。具体如下：

第一，幼儿园音乐欣赏活动的素材选取。

符合幼儿的兴趣要求。教师应选取形式多样、具有鲜明生动音乐形象的音乐作品，并且具有较高的审美水平。

符合幼儿的接受水平。教师选取的音乐作品应当考虑幼儿对音乐的可感性、可接纳性，充分考虑音乐的形式是否突出、长度是否适宜、结构是否工整等，所选用的音乐应该符合幼儿的生活经验以及已有的音乐知识。

第二，幼儿园音乐欣赏活动的设计方法。

运动知觉参与法。对幼儿，可以通过随着音乐歌唱、做动作、进行简单的打击乐伴奏、情境表演的方法，来感知和表现音乐。例如，在欣赏贝多芬的《欢乐颂》时，由于此曲音域较窄，节奏简单，幼儿可以参与到音乐的唱诵中。而对莫扎特的《土耳其进行曲》，因其节奏感强，结构工整，老师可以设计简单的律动动作或打击乐伴奏，让幼儿通过身体动作更好地感知音乐节奏和结构的特点。

视觉参与法。通过美术欣赏和美术创作来感知和表现音乐。对有故事性、结构清晰的音乐作品，教师可以让幼儿欣赏其展示的音乐各结构内容的图画，帮助幼儿理解音乐。对一些画面感强的音乐作品，教师可以让幼儿针对某一个具体音乐形象，尝试用绘画的方式表现出来。例如，贺绿汀的《牧童短笛》，教师可以用一幅表现牧童在牧牛的清新淡雅的水墨画，帮助幼儿欣赏音乐的意境。在对柴可夫斯基《糖果仙子》的欣赏中，可以让幼儿亲自画出心目中轻盈灵动的糖果仙子形象。

语言知觉参与法。通过创编儿歌和故事，让幼儿感知和表现音乐，参与到音乐作品中来。例如，舒曼的《梦幻曲》，平静舒缓的节奏不适合律动和奏乐；音域宽、变化细腻的旋律也不适合歌唱；意境悠远、音乐表现缺乏具体形象，又不适合幼儿的绘画表现水平。这时教师可以考虑采用配乐诗歌或故事，来让幼儿充分感知此曲的优美意境。

第三，幼儿园音乐欣赏活动的组织要求。

音乐欣赏活动的准备环节，在这一环节中，教师可以通过图画、故事等作为引导，先给幼儿描绘一幅生动的画卷，引起幼儿的无限遐想与兴趣。教师应结合幼儿之前的学习经验，用设计巧妙的导入环节，循序渐进地给幼儿介绍新的音乐作品，注意不要突然让幼儿接触完全陌生的体裁和风格。

音乐欣赏活动的进行环节。在这一环节，教师要注意对幼儿音乐感知力的培养，激发幼儿的音乐审美情感。教师应重视对音乐本身内涵的理解和挖掘，帮助幼儿了解音乐的表现手段，音乐作品的内容、形象、结构等基本知识。教师可以设计游戏活动，把体态律动、乐器伴奏、小情景剧目、听音乐讲故事等融合进音乐欣赏活动中，让幼儿打开多种感官通道，全身心地参与到音乐欣赏活动中，更好地感受优秀音乐作品的内涵，感受音乐欣赏带来的快乐。

音乐欣赏活动的结束环节。对优秀音乐作品的欣赏与喜爱，能陶冶幼儿情操，塑造幼儿人格气质，是幼儿一辈子的宝贵财富。在音乐欣赏活动后，教师要注意发展和巩固幼儿的审美记忆，在今后的音乐欣赏活动中，或者幼儿园其他领域的活动、各种节日主题活动，甚至幼儿一日生活中，尽量创造机会让幼儿多多接触他们学习欣赏过的优秀音乐作品，不断地加深幼儿对这些优秀音乐作品的印象，让这些优秀音乐作品成为幼儿生活的一部分。

二、幼儿园美术教育活动

幼儿在生活中会发现各种各样的美，对生活中的美好事物产生浓厚的兴趣，教师要利用幼儿对美的兴趣，对幼儿进行美术教育。

“美术教育属于艺术教育范畴，幼儿园美术教育既能培养学生感受美的能力，又为开发创造力提供了平台，有助于幼儿健康发展以及艺术修养的提升”①。幼儿园中的美术教育活动，是指根据幼儿教育的总体要求以及幼儿身心发展的规律，以培养幼儿的美术审美能力与美术创作能力为目的而开展的美术欣赏活动和美术创作活动，它有助于幼儿人格成长与身心全面发展。

（一）幼儿园美术教育活动的作用

1. 满足幼儿的审美情感

幼儿对美有一种天然的需要，幼儿通过欣赏和创造两种途径来表达自身的审美需要。

①邵秋玥．幼儿园美术教育活动中存在的问题与策略探究［J］．新智慧，2019（35）：109.

幼儿不但对大自然及优秀的艺术作品表现出天然的敏感和好奇心，也会通过涂涂画画、捏彩泥、折纸等创造美的方式来抒发内心的情感。幼儿园美术教育活动给了幼儿充分感受世界的美好以及将外在的大自然、艺术品的美转化为内心发展需要的机会，使幼儿的人格在美的滋养下得到健康发展。

2. 培养幼儿的审美创造能力

幼儿在创造上有着浓厚的兴趣和巨大的潜力。幼儿具有非常独到的创造力，往往表现出打破成人在美术创作上固化的条条框框的独创能力，通过夸张的造型、出其不意的色彩、随意又浑然天成的构图、不合逻辑的构思等超常规的创作手法，充分表现出他们大胆的想象力。在幼儿园美术教育活动中，教师要注意保护幼儿的这种独创能力，鼓励幼儿进行大胆的探索和天马行空的想象，切勿用成人的逻辑和条条框框来否定幼儿的自我创作。

3. 增强幼儿多领域综合发展

幼儿园美术教育活动与其他领域活动是紧密结合的，幼儿在美术教育活动中不但发展了审美感受能力与审美创造能力，同时也获得了其他领域所需要的知识和技能，让幼儿通过美术教育获得全面发展。这就要求教师在设计和组织幼儿园美术教育活动时，要充分整合音乐、语言、科学、社会等其他领域的知识和能力，但同时也要求教师在美术教育活动中，要以培养幼儿的审美情趣为主要目的，不可将审美教育沦为德育、智育的辅助手段。

4. 促进幼儿协调发展

幼儿在参与美术教育活动时包含了心理操作与实际操作两个层面。心理操作指的是幼儿的头脑对外在美术形象的感知、选取、组合，将外在的美术素材转化为自己能理解、重构、表达的视觉形式。实际操作指的是幼儿通过眼、手的协调，将自己大脑内部的理解和设计表达出来。幼儿通过美术教育活动中的心理操作和实际操作，完成了感知、设计、表达美的过程，充分促进眼、手、脑各种感官的综合协调发展。

（二）幼儿园美术教育活动的目标与内容

1. 幼儿园美术教育活动的目标

（1）幼儿园美术教育活动的总目标。

根据教育部颁布的《幼儿园教育指导纲要（试行）》，幼儿艺术领域的目标为：①能初步感受并喜爱环境、生活和艺术中的美；②喜欢参加艺术活动，并能大胆地表现自己的情感和体验；③能用自己喜欢的方式进行艺术表现活动，这就要求幼儿教育工作者在美术教育活动中，要积极引导幼儿接触生活环境、大自然、艺术作品等美好事物，丰富幼儿的审美经验，激起幼儿的审美情绪，鼓励、支持幼儿积极参加各种美术欣赏和创作活动，给幼儿提供自由地用各种艺术手段进行表现的机会，鼓励幼儿大胆地表达自己的想象，尊重幼儿的创造。

（2）幼儿园美术教育活动的年龄目标。

在学前儿童美术教育活动时，将美术教育活动分为绘画活动、手工活动、美术欣赏活动三个模块活动，每个模块都按照小班、中班、大班三个年龄层次，对认知目标、情感目标、技能目标、创造目标进行设计。

（3）幼儿园美术教育活动目标制定的要求。

明确并详细地表述幼儿的学习行为。在制定具体活动目标时，教师需以幼儿作为行为发出的主体，并且目标的表述需具体、可检验。其中包括三个方面：首先，要明确指出幼儿在美术活动中所发出的行为，如“画出”“捏出”等。其次，要写明教师对幼儿行为的指导，是鼓励幼儿独立完成，还是有条件地启发幼儿进行创造，或是指导幼儿一步步完成。最后，要写明幼儿行为所指向的具体内容，如“用彩泥塑造出一辆小汽车”“画出装着苹果、西瓜、香蕉的水果篮”等。

注重幼儿学习的过程。幼儿美术教育应将幼儿的审美情感需要贯穿其中，不应仅关注幼儿的美术操作技能的培养和学习行为的完成，教师还要重视在美术活动中幼儿感受和体验美的经验，注重在活动中陶冶幼儿情操、提高幼儿的艺术修养。如通过对大自然中各种树叶的欣赏和临摹，提升对大自然中各种美好事物的敏感度。

注重幼儿学习结果的开放性。在幼儿园美术教育活动中，教师应鼓励幼儿进行个性化、创造性的表达，应尊重幼儿的独创性表达，不应过多地事先规定幼儿表达创作的结果。例如，“学习设计服装，注意款式、色彩、装饰纹样的变化美”。

2. 幼儿园美术教育活动的内容

幼儿园的美术教育活动一般可分为绘画、手工、美术欣赏三大板块。

（1）幼儿园绘画教育活动的内容。幼儿园绘画教育活动，指的是幼儿在教师的引导下使用纸、笔、颜料等各种绘画工具和材料，运用线条、形状、色彩、构图等绘画形式语言，来表达其所观察到的事物及他们的理解与情感的美术教育活动。幼儿园的绘画教育活动主要包括以下三个层面。

第一，绘画工具和材料的性质和使用方法。幼儿经常使用的绘画工具和材料有蜡笔、油画棒、水粉颜料、水彩颜料、毛笔、宣纸、卡纸、水彩纸等，每一种不同的工具和材料都有不同的性质特点和使用方法。幼儿可以学习的有蜡笔画、彩笔画、水彩画、水粉画、水墨画、印画、喷洒画、吹画等。

第二，绘画的题材。适合幼儿园绘画活动的题材，往往来源于幼儿熟知的生活和感兴趣的事物。例如，大自然的景物、生活用品、家庭和幼儿园的人物、常见的植物和动物、日常的水果和食物、各种交通工具和建筑物、日常生活场景、童话中的经典场景和人物、幼儿想象中的物体和事件、简单的装饰画等。

第三，绘画的形式语言。幼儿园美术活动中，幼儿学习的绘画语言形式主要有线条、形状、色彩和构图。如：线条的形态和变化；自然形体，基本几何形状、各种形状的组合；色彩的色相、明度，色彩的情感表现，主体色和背景色关系的处理；如何在画面中安排人、物及各个形象的关系和位置，以画面构图表达作品的主题思想和美感效果等。

（2）幼儿园手工教育活动的内容。幼儿园手工教育活动指的是幼儿在教师的引导下，使用各种手工工具和材料，用剪、贴、撕、折、塑等各种手工制作技法，制作平面或立体的手工形象，培养幼儿的动手能力、协调能力和实际操作能力的美术教育活动。幼儿园的手工教育活动主要包括以下三个层面。

第一，手工工具和材料的性质和使用方法。幼儿经常使用的手工工具和材料比较简单易操作，手工工具主要有剪刀、刀、糨糊、胶水。材料主要有各种小珠子、纽扣、果核等点状材料，毛线、棉绳、橡皮筋、麦秸等线状材料，纸、布、树叶等面状材料，彩泥、面团、纸盒、萝卜等块状材料，等等。

第二，手工的题材。在幼儿园美术教育活动中，幼儿可以尝试制作折纸玩具、泥塑玩具，拉花、窗花、彩旗等节日装饰物，节日贺卡，游戏的道具和头饰，幼儿园环境布置和装饰用品等。

第三，手工的基本创作技法。可供幼儿学习的基本手工技法包括剪、撕、折、粘贴、染、盘绕、编织、串联、搓长、团圆、压扁、捏、挖、插接等。

（3）幼儿园美术欣赏教育活动的内容。幼儿园美术欣赏教育活动，指的是幼儿在教师的引导下，欣赏和感受大自然、身边环境和美术作品中的美好事物，感受这些美好事物的内容美和形式美，丰富幼儿的审美经验，培养幼儿的审美情感和审美评价能力的美术教育活动。幼儿园的美术欣赏教育活动主要包括以下两个层面。

第一，美术欣赏知识与技能。幼儿需要学习的美术欣赏知识有对冷色、暖色的感受和理解，对色彩、构图、造型的感受和理解，对作品主题的理解，对艺术家意图的理解，对作品的联想，对作品的背景知识、艺术家生平知识的了解，用口头语言、形体语言、美术语言表达对欣赏对象的感知等。

第二，美术欣赏的对象。可作为幼儿美术欣赏的对象包括绘画作品、雕塑作品、儿童美术作品、工艺美术作品、建筑艺术、园林艺术、自然环境等。在选取幼儿的美术欣赏对象时，要注意选择内容与幼儿生活经验接近，表现手法清晰、简单，能为幼儿所理解的作品。例如，童话题材、动物题材、儿童生活题材等。

（三）幼儿园美术教育的途径与方法

1. 幼儿园美术教育的途径

（1）专门性的美术教育活动。专门性的美术教育活动，指的是教师按照幼儿园美术教育的目标，安排专门的时间和场地，通过专门的美术学科领域或美术主题活动进行的美术教育活动。在专门的美术学科领域中进行的美术教育活动，可以根据活动内容的侧重点不同，分为绘画活动、手工活动、美术欣赏活动。在美术主题背景下实施的美术教育活动往往是绘画活动、手工活动、美术欣赏活动的综合形式，提供一种开放式的美术学习环境，强调幼儿在规定的主题下进行探究尝试、动手创造，要求幼儿超越单一的学习，进行综合性的实践和创造。

（2）渗透性的美术教育活动。渗透性的美术教育活动，指的是那些没有在专门性的美术学科领域活动或美术主题活动中进行，而是以幼儿园环境布置活动、幼儿在美术区角中的游戏和活动、教师因地制宜随机指导而进行的美术教育活动。

第一，幼儿园环境布置活动。教师可以提供各种机会，让幼儿参与到幼儿园环境布置中来，有计划地组织幼儿设计、准备和收集材料、动手制作和布置、管理等环境创设活动，发挥幼儿的主动性。

第二，幼儿在美术区角中的游戏和活动。教师可以在美术区角中投放各种材料，并根据各年龄阶段和本书教育活动的阶段性目标和内容而定期更新，以满足幼儿的需要，将材料分门别类地摆放，方便幼儿拿取。

第三，教师因地制宜随机指导而进行的美术教育活动。在幼儿园的其他场景，如幼儿园一日生活、自由活动时间、其他领域的活动时间，教师可以随时抓住教育机会，对幼儿进行美术教育。例如，在午后散步中，教师带领幼儿欣赏大自然变幻的美，欣赏园林建筑的美，欣赏衣饰图案的设计美，欣赏日常生活用品的造型美等。

2. 幼儿园美术教育活动的设计与组织方法

（1）幼儿园绘画教育活动的设计与组织。

第一，各年龄阶段幼儿绘画活动的特征。具体包括以下三个阶段。

第一阶段：涂鸦期。涂鸦期是学龄前幼儿在绘画上表现出来的第一个特征时期，可分为无意识涂鸦、控制涂鸦、命名涂鸦三个阶段。从 1 岁半到 3 岁半，幼儿开始用手进行自由的探索，用笔、颜料等一切可以着色的物品在纸上、墙上涂涂画画。这个时期的幼儿并不知道纸和笔的用途，有时候会用嘴去咬笔，或者用笔在桌子上敲打。这些行为都是幼儿用身体各个部位去感知和探索客观事物的表现，这些涂鸦没有特定的造型、构图和色彩的讲究，与其说是绘画，不如说是此年龄阶段的幼儿开始通过手臂动作进行运动的探索，体验有节奏的手臂运动带来的快感，以及对客体施加视觉影响的一种满足感。随着年龄的增长，幼儿的肌肉得到发育，手眼协调能力也逐渐发展，幼儿有意识重复地画直线和圆圈，涂鸦的风格也渐渐从粗放凌乱向细腻规则的方向发展。到了 3 岁至 3 岁半，幼儿的涂鸦虽然仍未出现具体明确的形象，但幼儿已经有了表达的意图，能为自己画出来的简单线条和图形命名，这些命名并不完全以图画中的图形作为命名依据，而是根据幼儿自身主观的感受结合图形的启发，有时幼儿还会随性地重新命名他的旧作。这些涂鸦是幼儿进行绘画活动的前驱阶段，是该年龄阶段下儿童对绘画的积极探索。

第二阶段：象征期。在 3 岁半至 5 岁，幼儿已经能有意识地操控手腕和手指，进行有目的、有意识的绘画活动了。在造型上，幼儿开始画出能反映客观物体的图像，这些图像往往是高度概括性、抽象性的，是一种象征的图式。例如，这个时期的幼儿所画的人物，往往是用一个大圆圈表示头部，大圆圈内画两个小圆圈或黑点表示眼睛，头顶上画几根线条表示头发，人物的身体用竖直的线或圆柱体表示，人物的四肢即用四根单线条来表示。在色彩上，此阶段的幼儿对色彩的兴趣和辨认能力大大提高，幼儿通常喜欢鲜艳明快的高纯度颜色，用自己喜爱的颜色来涂画自己喜爱的人物或物体，会用固定的色彩来表现固定的绘画对象，如天空画成蓝色的，太阳画成红色的，树叶画成绿色的，树干画成棕色的，花朵画成红色的。在构图上，此阶段幼儿倾向于把画面中的人物和物体画成互相之间没有空间关系的独立的图案，以一种随机的方式将一切安排在画面中，没有大小、远近、前后等关系。

第三阶段：图式期。幼儿在 5~7 岁，在绘画造型、色彩运用、空间构图上皆有了明显的发展，开始有意识地观察周围事物的特征，并用自己的绘画方式表现出来。在造型上，幼儿对绘画对象的观察会更加注意细节特征，并且用较为流畅的线条在绘画中表现出来。例如，这个时期幼儿画的人物往往有了脖子，四肢不再是单线条，而是有了二维平面表现的胳膊，甚至还有手指，人物的五官更为清晰，人物的服装也有了表现，幼儿甚至还会用胡子、长发、裙子、高跟鞋来表示不同的人物性别。在色彩上，幼儿除了用固有色彩来表示固有物体外，还能进行客观的观察，选择与绘画对象相似的颜色来进行涂色。另外，此年龄阶段的幼儿还会感知色彩所表现的情绪，选择用特定色彩来表达自己的主观愿望和情感。从构图上，此年龄阶段的幼儿开始注意画面中各个物体的比例大小，会在画面底部画出一条基底线表示地面，再依照这条基底线将所要画的物体进行安排。

第二，幼儿绘画活动的阶段。具体如下：

一是视觉感知阶段。大自然与日常生活的经历是幼儿进行绘画创作的源泉，幼儿进行绘画，首先通过视觉器官来感知所要绘画的原材料。绘画活动中的视觉感知阶段指的是一种积极的视觉思维的作用，是视觉对感知对象的形状、色彩、空间等组成的完整形象的整体把握。人类自幼儿时期开始发展出完形知觉与超完形知觉形象，能把对象加以组织，将不完美形式变成完美形式，并能通过内心主观的简化原则来对主导图像进行加工。所以我们可以看到幼儿的绘画作品中，幼儿通过敏锐的观察，将所呈现物体的形状、关系、功能进行突出。某些特征的抽象性表达，具有高度的概念化。

二是艺术加工阶段。艺术加工阶段是视觉器官感知绘画的原材料后，大脑对其进行加工、改造的艺术反思过程，也是一个把客观物理世界进行主观的心理化的过程。另外，根据学前儿童心理发展的相关理论，儿童在4~6岁的阶段处于将自己和经验不加区分、认为一切事物都与自己有同样的情感体验的“泛灵论”阶段，蓝天白云、月亮星空、桌椅板凳往往具有跟他们一样的生命与情感，并容易将自己的情感以及自己对周围事物的理解投射到客观环境中去。例如，彩虹是太阳宝宝的滑梯，满天繁星是月亮姐姐点的灯，雨点儿是云朵宝宝的泪水，这种心理特征使幼儿更容易积极热情地投入绘画创作中，也使幼儿的画中充满了生动活泼的想象力。

三是绘画表达阶段。当幼儿对绘画的对象进行积极感知、投入个人感情进行主观诠释之后，就通过纸、笔、颜料等绘画工具进行外在表达，这是绘画创作过程的最后一个阶段。幼儿在绘画表达过程中，往往没有明确的预先计划，而是依据自己在绘画过程中的想法的变化和遇到的问题进行不断调整，具有很大的随意性。另外，幼儿因为小肌肉动作发展不如成人完善，绘画技巧方面也不如成人熟练，所以幼儿的绘画作品往往呈现出一种童趣的稚拙美。这种随心所欲天马行空的童趣感，是幼儿绘画作品中最有魅力的一部分。

第三，幼儿园绘画教育活动各阶段的指导。具体如下：

一是视觉感知阶段的指导。在这个阶段，教师需要创造大量的机会让幼儿体验视觉材料，扩展幼儿的知识面，让幼儿有机会积累丰富的审美意象。视觉材料的体验包括直接的体验，如教师带领幼儿通过参观、郊游、散步的方式到大自然、田园、公园、动物园、游乐园、街道上去，让幼儿对他们生活和玩耍的环境充分熟悉，收集绘画素材；也可以通过间接体验，如带领幼儿阅读和观看有丰富审美意象的图书、连环画、绘本、摄影作品、海报、动画片，幼儿感兴趣的纪录片等；或者让幼儿回忆家庭和幼儿园的场景、发生的趣事，使幼儿的绘画素材变得丰富。在引导幼儿积累绘画素材时，教师要有目的地引导幼儿注意事物的色彩、形状、空间构成与排列等形式因素，事物的情节、形象等内容因素，以及这些形式和内容所表现出来的情感因素。例如，教师带领幼儿感知过年逛庙会的场景，可以先引导幼儿感受庙会的喜庆热闹气氛，让幼儿感受整个场景所反映出来的红红火火的总体气氛，再让幼儿感受是什么样的细节让庙会场景显得如此红火热闹。再如，小朋友过年穿的红色的新衣，手里拿着红色的糖葫芦，爸爸妈妈、爷爷奶奶一起出去逛街，大家都穿着新衣服，脸上挂着笑容，手里拿着五颜六色的气球、纸风车，传统风格的建筑物上张灯结彩，挂着红色的灯笼，民间艺人在捏有趣的泥人，还有许多的小吃摊点等，这些视觉元素传达了热闹喜庆的过节气氛。

二是艺术加工阶段的指导。在这一阶段中，教师需要尽可能地启发幼儿的想象力，调动幼儿的审美情感，这就要创造一个宽松自由的环境，让幼儿在轻松愉悦的心情下进行审美情感唤起的准备。随后，教师用自己的情绪来调动幼儿的情绪，让幼儿不知不觉地进入审美的状态，再利用幼儿的审美情感特点，引导幼儿进行“移情”和“拟人”的想象，一步步地将眼前的绘画对象变成有情感、有生命的美丽形象，甚至可以让幼儿亲自表演需要绘画的人物或事物的特征、表现画面中的情节，通过语言、动作进一步加深幼儿的审美体验。对绘画对象的想象越丰富，亲自体验的细节越多，幼儿对事物的情感表现性的理解就越深入，从而就更能激起其创作的冲动。在很好地唤起幼儿的审美情感后，教师要帮助幼儿加工改造内在表象。如对鲤鱼体型的梭形特征、鱼鳞的网状结构、鲤鱼的颜色、鱼鳃和眼睛的位置等进行提取，以免幼儿迷失在真实客观事物纷繁复杂、瞬息万变的细节中，觉得绘画“太难”以至于无从下笔。但同时，教师不应以自己加工改造的形象代替幼儿的自由想象和表现。例如，不应强迫幼儿必须把鲤鱼画成跟老师画的一模一样的梭形等，而是应该鼓励幼儿发挥想象力和创造力，对已有的表象进行变形、组合、联想，创造出许多新的表象，如画一条绿色的鲤鱼，一条戴蝴蝶结的鲤鱼，一条圆胖的鲤鱼，形成儿童画中五彩缤纷的艺术想象世界。

三是绘画表达阶段的指导。在幼儿将内在的审美情感与审美形象通过外在的绘画操作表达出来的阶段，教师需要帮助幼儿掌握绘画的基本技能，如手眼协调能力，手臂、手腕、手指的控制能力，对绘画工具和材料的操控能力，对色彩、形状、空间的认知和表现能力等。教师需要在每次绘画活动中，提供与绘画内容适合的绘画材料与工具，并尽可能设计丰富多样的活动，每次活动都应让幼儿接触和体验不同的绘画材料和工具，在幼儿接触这些不同的绘画材料和工具时，教师要通过示范法教会幼儿正确使用各种绘画工具和材料的技法，经过多次练习，幼儿就能很好地进行绘画创作了。

（2）幼儿园手工教育活动的设计与组织。

第一，各年龄阶段幼儿的手工活动的特征。具体包括以下三个阶段。

第一阶段：无目的期。在 2~4 岁的时期，幼儿对手工操作过程的兴趣远远大于目的，他们不能正确地理解各种手工工具和材料的性质和用途，由于小肌肉发育不成熟，也无法进行目的明确的精细操作，因此，手工活动对于他们而言，更像是一种探索和体验周围世界的方式。此年龄阶段的幼儿喜欢用各种方式感受手工材料的质感，而并不按照这些工具和材料的既定目的使用和进行操作。例如，用手揉捏或拍打橡皮泥，用手撕开纸张，或揉成一团，无目的地用剪刀剪开纸片，他们带着一种玩耍的心态乐在其中，主要是为了体验自己在各种材料和工具上施加影响的感觉。

第二阶段：基本形状期。到了四五岁，幼儿开始有目的地尝试制作一些东西，如自己要做一个动物形象。此年龄阶段的幼儿的动手操作能力有了一定程度的进步，已学会把彩泥搓成圆团和长条的形状，会把面团拍成较为规则的圆饼形，但他们还不能理解和制作立体的手工作品，往往把制作好的各个部位摆放在平面上，拼成他们想要做成的形象。这个年龄阶段的幼儿能开始较为正确地使用剪刀剪开纸片，但还没有达到运用自如的地步，不能很好地将纸片剪成既定的样式。幼儿从事手工的基本形状期大约相当于绘画的象征期，幼儿能表现一些高度概念化的形体，但无法表现更多细节和特征，对三维空间的立体造型不能很好地把握。

第三阶段：样式化期。幼儿在 5~7 岁时，随着手部小肌肉发育和手眼协调能力的提高，开始掌握制作一些较为复杂的立体形状，如圆柱体和立方体，并可以用这些物体拼接组合成他们意图中的整体造型。这个时期的幼儿会仔细观察客观事物的特征，在制作自己的手工作品时会将这些特征反映在作品上，还会用辅助工具来制作一些小的细节特征，如用两个玻璃珠子镶嵌在面团上，表示眼睛，或者用小木棍在面团图案上刻画出人物的鼻子和嘴巴，或者用颜料画出细节部位或装饰，如人物衣服，或者衣服上的花纹。在剪纸活动中，幼儿操控剪刀的能力得到提升，可以学会剪曲线、圆形，基本可以剪出简单的窗花等纸艺作品。此阶段，教师应该提供更加丰富多样的工具和材料，创造机会让幼儿学习更多的手工工具和材料的使用方法和技巧，以便满足幼儿越来越旺盛的表现欲，创造出更加丰富多样的手工作品。

第二，幼儿手工活动的阶段。具体如下：

一是动机产生阶段。幼儿进行手工制作的动机和成人不太一样，有些时候并没有明确目的，如具体要做的东西，这个东西的用途，实用的还是观赏性的等。幼儿对手工的兴趣往往聚焦在制作过程，而不是成品。幼儿通过撕纸、揉捏面团、剪开纸片来体验自己所接触的这些物质的质感，体验自己的手对这些物体施力的快感，对这些物质发生的变化、发出的声音所产生的新鲜感，有着极大的兴趣。随着幼儿接受越来越多的手工制作教育，幼儿会从无明确目的的手工活动转向有目的的手工活动，逐渐可以在教师的指导和要求下进行模仿，制作出符合要求的作品，再渐渐发展出独创性，能产生自己想做个什么东西的想法。

二是构思设计阶段。成人在构思设计手工制作的时候，首先要考虑手工作品的用途以及所要制作的形象，其次要思考选择什么样的材料来完成这个作品，以及如何使用这些材料。幼儿在构思手工制作的时候，没有成人那样明确的目的和完整连贯的设计构思过程，往往随着手工操作过程的发展，根据手上的半成品的形状，在行动过程中改变手工制作的目的。幼儿的这种心理特征也使得他们的联想能力十分强大，会根据手上的手工材料的颜色和形状产生丰富的联想，如他们会把一根白萝卜想象成小雪人胖胖的身体等。随着手工学习经验的增加，幼儿的手工制作会越来越有目的性，在制作手工作品时，头脑里会对作品有一个较为清晰的形象，对如何实施手工操作有一个大体的计划。

三是制作加工阶段。幼儿在制作加工阶段往往会一边构思一边制作，在制作的过程中进行构思，而不是事先有一个明确的计划，再按照计划制作加工。另外，幼儿的肌肉发育尚未成熟，手腕、手指对精细的动作无法完成，所以幼儿采用的手工制作技法较为简单，他们所制作的成品也有着较为粗糙的稚拙感。

第三，幼儿园手工教育活动各阶段的指导。具体如下：

一是动机产生阶段的指导。在这一阶段，教师可以利用幼儿对探索各种手工材料的好奇心，提供丰富的手工材料让幼儿充分感知这些材料的特性。例如，纸可折叠、可拆分的性质，泥的可塑性等，让幼儿充分熟知这些材料。当幼儿产生尝试用这些材料做一个具体东西的兴趣时，教师可以借机启发，问幼儿想要做的东西，让幼儿产生明确的手工制作意图。

二是构思设计阶段的指导。构思设计阶段是手工创作在心理和思维过程上的核心环节，当幼儿有了手工制作意图，想要做某个具体东西之后，就会在头脑中对作品的造型、结构、色彩、成品效果等各个因素进行构思，并对如何实现这个作品进行设计。在这一阶段，教师可以在“因意选材”原则的指导下，鼓励幼儿自己探索，认真考虑自己想做的东西应该用怎样的材料来表达，教师也可以根据“因材施艺”的原则，鼓励幼儿充分探索材料的特性，发挥想象力，思考这些材料可以做出的东西，并思考应实施的制作方案。幼儿因为年龄和学习经验的制约，构思设计能力不成熟，往往没有独立的构思设计环节，而是将构思设计融入制作过程中，一边做一边想，一边调整制作方案。但随着学习的深入，幼儿的构思设计能力将得到良好的发展，这就要求在平时的教学活动中，教师要让幼儿多多接触手工佳作，欣赏其造型、色彩、构成等艺术手法，开阔幼儿的眼界，鼓励幼儿探索，从这些手工佳作中获得构思设计的灵感。

三是制作加工阶段的指导制作。加工环节是将头脑中的创意设计变成现实的环节，即把作品制作出来，并且加上一些装饰的环节。教师要让幼儿尽可能多地接触各种丰富的手工工具和材料，并循序渐进地使其学习各种手工工具和材料的基本使用方法。在这个步骤中，教师可以让幼儿自己先思考，找出问题所在，再用清晰生动的语言进行讲解，结合操作示范，让幼儿在理解的基础上掌握手工制作的技巧。

(3) 幼儿园美术欣赏教育活动的设计与组织。

第一，幼儿美术欣赏活动的特征。具体包括以下三个方面。

一是直觉性。幼儿的审美是直觉性的，由于幼儿接受的艺术审美程式与规范较少，所以能更好地接受潜意识的指引。他们凭借第一印象直截了当地判断欣赏对象的美丑，十分迅速地把握审美对象的底蕴。例如，在欣赏一幅画的时候，幼儿能很好地把握画面的整体风格和局部特写所传递的信息和情感，这一点尤其在幼儿欣赏高度抽象和象征的美术作品中得以证明。幼儿往往会不假思索地迅速说出自己看到和理解的意象，而成人接触这些作品时，通常会思考一阵子，再得出结论。

二是情感性。幼儿在美术欣赏活动中表现的情感性有两个方面：一方面，幼儿能很好地把握美术作品的情感表现。例如，幼儿能很好地将枝繁叶茂郁郁葱葱的大树与“开心”的情感相匹配，将“枯藤老树昏鸦”的画面与“哀伤”的情感相匹配。幼儿欣赏毕加索的抽象画《格尔尼卡》时，也很好地把握了作品传递出来的“黑暗、恐怖、破坏、乱糟糟、战斗”的情感。另一方面，在欣赏美术作品时，幼儿有着“泛灵论”年龄阶段的特点，觉得一切事物都与自己有着同样的心理，将自己的主观情感附加于美术作品中，向审美对象灌注了自己的热情与生命，将自己投入作品里面，形成一种物我不分的境况。

三是象征性。2~4 岁的幼儿处于象征性思维阶段，由于这种象征性功能，儿童得以超越现实世界的框架，在精神世界里自由地想象。泰戈尔的散文诗集《新月集》中的《仙人世界》，就是以幼儿的口吻来表述幼儿丰富的想象世界。像诗中所描述的，幼儿可以通过一个杜尔茜花盆想象出一个仙人的世界，幼儿在丰富的想象力驱使下，面对画作展开强大的联想能力，甚至可以编出一个长长的故事来。

第二，幼儿美术欣赏活动的阶段。具体如下：

一是视觉感知阶段。人们在观看一个物体的时候，视觉进行主动积极的选择，就像一种无形的手指一样去触摸和探查视觉对象。大约在两岁时，幼儿开始对艺术中的线条、形状、色彩等美术要素产生敏感性，并能接受这些美术要素所传达的思想、情感，能饱含情

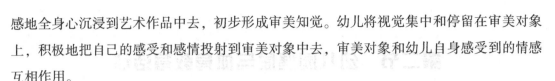

感地全身心沉浸到艺术作品中去，初步形成审美知觉。幼儿将视觉集中和停留在审美对象上，积极地把自己的感受和感情投射到审美对象中去，审美对象和幼儿自身感受到的情感互相作用。

二是心理联想阶段。幼儿对视觉对象的审美知觉往往表现在多种感官的联觉上。在欣赏美术作品时，能将所看到的画面进行联想，充分调动了语言、肢体、表情、声音等感觉通道，使自己的审美在味觉、嗅觉、触觉上有所反应，如觉得某种色调的画尝起来是甜的或者苦的；觉得某种画面传达的感觉柔软温暖，为此想要一摸，这种通感的审美效应，在一些对美极为敏感的成人艺术家、诗人中也存在着，如白居易在《琵琶行》中，将所听到的音乐同一幅幅生动的画面进行关联，而普通成人对美术作品的欣赏，往往只以“好不好看”之类视觉通道来进行。这样的具有通感的联想能力是幼儿审美方面的优越之处。

第三，幼儿美术欣赏活动各阶段的指导。具体如下：

一是视觉感知阶段的指导。幼儿在以视觉感知美术作品的阶段，教师可以用启发式的对话带领幼儿对所看到的画面进行描述和分析。首先，教师可以用“小朋友，你在画中看到的内容”等一系列环环相扣、深入细节的问题来引导幼儿说出他们在美术作品中看到的最直观的视觉形象，如画面中的人物、动物、物品、环境、场景等，或者主要的色彩、形状。教师要给幼儿充足的时间独立感受美术作品传达的信息，让幼儿有足够的时间沉浸在美术作品中，用自己的眼睛去观察作品更多的细节，让幼儿在不受打扰的状态下畅所欲言，详细描述他们在美术作品中看到的视觉形象。其次，教师要带领幼儿挖掘和分析美术作品中的线条、形状、色彩、构图等。美术形式语言的象征意义，以及对称与均衡、韵律与节奏、变化与统一的形式美的原理，帮助幼儿进一步加深对作品的情感体验，在这一步骤中，教师可以引导幼儿进行体验和讨论，在幼儿自己充分体验后，教师再引导幼儿进行思考和总结，帮助幼儿学会如何观察和分析作品。

二是心理联想阶段的指导。在视觉感官上充分感知了美术作品所描绘的形象，并对其中反映出来的形式美有了一定了解的同时，幼儿会获得丰富的情感体验，并展开丰富的想象和联想。这时，教师可以引导幼儿探讨美术作品所蕴含的意义，如向幼儿提问：“画家如此画一幅画的原因是什么?”教师要鼓励幼儿充分发挥想象力，让幼儿自由抒发自己的见解，不必拘泥于教师提供的“标准答案”。同时，教师还可以向幼儿介绍美术作品创作的时代背景、作者的经历及创作动机，帮助幼儿学习艺术知识，以便幼儿更深入地理解美术作品所蕴含的意义。在这一步骤中，教师应引导幼儿用多种方式表达自己的审美感受，不能强求幼儿接受权威的结论，而要通过对话，与幼儿共同挖掘美术作品所传达出来的信息、给幼儿带来的感受，因为这样做往往会有意想不到的收获。

第二节　幼儿园健康与体育教育活动

一、幼儿园健康教育活动

（一）幼儿园健康教育的意义

幼儿园健康教育活动，是指幼儿园教师为提高幼儿健康认知，改善幼儿健康态度，培养幼儿健康行为而开展的有目的、有计划的专门教育活动。

从内容上来看，其主要包括身体健康教育和心理健康教育。具体而言，它主要包括对幼儿日常健康行为的教育、安全常识的教育、心理健康教育等。通过这样一个系统化的教育体系，主要完成以下教育任务。首先，帮助幼儿养成健康的行为习惯，这种习惯不仅为幼儿的健康成长奠定基础，还为他们今后一生的学习、工作和生活打下根基；其次，让幼儿了解安全常识，这种常识包括认识各种安全标识、学习自我保护和求生技能等；最后，幼儿健康教育的主要目的，是促进幼儿身心健康和谐发展。

孩子是家长的希望，更是祖国的未来和希望。幼儿健康教育是幼儿园教育活动的重要组成部分。随着社会发展和人民生活水平的逐步提高，以人为本的教育理念逐渐深入人心，“健康第一”的观念日益受到推崇。《幼儿园教育指导纲要（试行）》明确要求：“幼儿园必须把保护幼儿的生命和促进幼儿的健康放在工作的首位。”可见，这一要求体现了“健康第一”的教育原则，健康教育应成为幼儿园五大领域教育的重中之重。对个体而言，只有身心同步协调发展，才能过上幸福的生活，才能成为社会的合格公民，才能成为国家的优秀建设者，没有健康的身体，离开和谐的精神，人的一切发展都无从谈起。所以，身心和谐是健康之本、发展之基。

具体而言，幼儿健康教育有三个方面的重要意义：第一，健康教育是保护幼儿健康成长的特殊需要。众所周知，幼儿身体的器官、系统的发育尚不完善，自我保护意识缺乏，疾病抵抗能力和环境适应能力较弱，容易受到伤害，心理发展迅速，易受多种因素影响。因此，实施科学的健康教育，引导幼儿参与力所能及的健康活动，从而掌握基本的健康知识，形成健康的人生态度，养成有利于自身和他人健康的行为习惯。第二，健康教育将为学前儿童一生的幸福奠定良好基础。幼儿健康教育是终身健康教育的起步阶段，幼儿期的健康不仅能提高儿童的生命质量，而且为其以后一生的健康成长奠定基础、夯实根基。第三，幼儿的身心健康是国家强盛、民族振兴的需要。幼儿的健康是提高人口素质、民族素质的重要保证。只有个体身心健康，才能促进整个国家、民族的强大和繁荣。

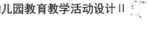

幼儿的身心健康教育包括四个方面：一是生活卫生教育。主要目的是帮助幼儿获得日常生活中必需的、基本的生活知识和卫生知识，培养幼儿良好的生活习惯、卫生习惯和初步的生活能力，提高幼儿的自我保健意识和能力，使幼儿逐步学习以健康的方式来生活。例如，个人卫生习惯的培养、基本生活能力的培养、健康生活方式的教育、保持环境整洁的教育及预防保健的教育等。二是安全教育。主要是帮助幼儿获得和掌握日常生活中最基本的安全知识和技能，使幼儿逐步懂得爱护自己和他人，不断增强幼儿的自我保护意识和能力，如生活活动的安全教育、交通安全的教育、自救自护的教育等。三是心理健康教育。培养幼儿良好的心理品质，增强幼儿自身的心理强度，提高幼儿对社会生活的适应能力，包括情绪情感的教育、良好个性的培养、社会适应能力的培养等方面。四是身体锻炼。利用体育器械或自然物（阳光、水、空气）进行身体锻炼，激发幼儿参加体育活动的兴趣，培养幼儿积极锻炼身体的良好习惯，全面协调地发展幼儿的体能，增强幼儿体质，提高幼儿适应自然的能力，同时还可以通过体育活动让幼儿了解基本的体育卫生知识，培养幼儿勇敢坚强、不怕困难等良好的心理品质。

（二）幼儿园健康教育的目标

1. 健康教育目标的确定

课程目标是课程设计的起点，它制约着课程设计的方向，规定着课程内容和构成学习活动方式的性质。所以说，课程目标是课程实施的“指南针”和“方向盘”，它既是课程内容选择和组织的基本依据，也是指引课程顺利实现预期效果的重要保证，能否制定科学、合理的课程目标，直接影响着课程实施的质量。课程目标确定与否直接影响着课程实施能否顺利进行。为了保证幼儿园健康教育活动的顺利进行，在实施之前，教师必须制定明确的活动目标，这就需要教师首先对健康教育的课程目标有较为正确的理解。

《幼儿园教育指导纲要（试行）》对幼儿园健康教育的课程目标做了比较详细的阐述，身体健康即在集体生活中情绪安定、愉快；生活、卫生习惯良好，有基本的生活自理能力；知道必要的安全保健常识，学习保护自己；喜欢参加体育活动，动作协调、灵活。《3~6岁儿童学习与发展指南》也对幼儿园健康教育的总体要求作出以下阐述，即儿童的发展是一个整体，要促进幼儿身心全面协调发展，发育良好的身体、愉快的情绪、强健的体质、协调的动作、良好的生活习惯和基本生活能力是幼儿身心健康的重要标志。

幼儿园健康教育的总目标体现了三种价值取向，一是身心和谐。幼儿健康应包括身体健康和心理健康两个主要方面，幼儿的身体健康以发育健全，具备基本的生活自理能力为主要特征；幼儿的心理健康以情绪愉快、适应集体生活为主要特征。二是保护与锻炼并重。目标既重视通过掌握必要的保健知识提高保护自身的能力，又强调通过体育活动提高身体素质。三是注重幼儿健康行为的形成。虽然提高幼儿的健康认识，改善幼儿的健康态度，培养幼儿的健康行为都是幼儿健康教育的目标，但幼儿园健康教育的核心目标在于幼儿健康行为的养成。教师对健康教育领域的目标虽然不能做到全面把握，但每个教师都有自己的理解和认识，而且这些认识都是科学的，只是每个教师对健康教育目标把握的侧重点不同而已。

2. 制定健康教育课程目标的依据

幼儿园课程目标的制定是幼儿园课程实施的第一步，课程目标必须建立在科学性和合理性的基础之上，这就是课程目标制定的依据。基于对健康教育目标的正确把握，幼儿园教师则可以确定健康教育活动目标的依据。

幼儿身心发展特点是确定幼儿健康教育目标的根本依据。幼儿园健康教育课程归根结底是幼儿的课程，最终目的在于促进幼儿的健康成长，因此，只有在充分把握幼儿身心发展特点、需要和兴趣基础上制定出的目标才是适宜的，才有实践与实现的可能。教师要站在幼儿的角度，立足于幼儿的健康需要和健康兴趣制定目标。需要指出，同一年龄阶段的幼儿，其身心发展也存在着一定的差异，身心发展状况很可能是不一致的，因此，健康教育目标的制定还需要关注幼儿的个体差异，促进每个幼儿的健康。教师谈到要根据每个幼儿的实际情况，特别强调了幼儿的个体差异。一般而言，学习者的需要与兴趣、当代社会的需要以及学科自身发展的要求，如《幼儿园教育指导纲要（试行）》和《3~6 岁儿童学习与发展指南》对健康领域的相关要求是制定课程目标的重要来源，忽视其中的任何一个方面，都会使课程目标缺乏科学性和合理性。大多数教师在确定幼儿园健康教育课程目标时，能比较全面地考虑到幼儿身心发展特点、学科特点（健康教育领域的特点）和社会需要（虽然教师的话语中未直接提及这一点，但社会对幼儿成长的期望渗透在教育过程的方方面面，成为幼儿园教师健康教育过程必须考虑的范畴）。最令人欣喜的是，教师基本上都能意识到应该从幼儿的发展水平、幼儿的健康兴趣、健康需要以及幼儿的生活环境等方面考虑健康教育活动目标的制定，体现出以幼儿为本的教育理念。

二、幼儿园体育教育活动

（一）幼儿体育游戏的作用

（1）增强幼儿体质，促进身体素质的全面发展。体育游戏可以考查幼儿的反射条件，参与的幼儿都能得到不同程度的智力开发，这是一种全面提高身体素质的有效手段。在体育游戏中，除了激发幼儿的兴趣和认识能力外，不同的游戏还能培养幼儿的观察力、判断力、记忆力和创造力、协调力，促进幼儿身体的全面发展。

（2）提高心理素质，促进幼儿心理的健康成长。外界所带来的行为活动的影响随着幼儿的生长逐渐增加，而行为活动所引起的变化又能激发幼儿对外界事物的兴趣，进而引发幼儿对事物的认知能力，幼儿开始在认知过程中表现出主观能动性。幼儿在丰富多彩的游戏中，感受到失败、成功及竞争；在集体游戏中，又会逐渐建立团结意识，这些都有利于幼儿心理状况的改善，对心理素质的提高有着重要的影响。

（3）培养良好情操，加强幼儿的思想品德修养。体育游戏通常属于集体活动，集体活动的开展势必会涉及团结合作以及对抗竞争等问题，集体活动的开展不仅能帮助幼儿在游戏过程中学会机智、勇敢、顽强、拼搏，还能在与他人合作或是抗争的过程中学会有关体育方面的技能。

（二）幼儿体育活动的组织及特点

1. 幼儿体育游戏的组织和指导

在开展体育游戏活动时，教师应该做到三点：第一，熟悉教材，根据幼儿的年龄特点制订计划，做好物质准备和其他准备工作；第二，组织和集合幼儿，科学地进行分配角色和分队；第三，讲解游戏，教师对幼儿游戏进行观察指导后，开展小结讲评，引导幼儿接受知识和教育。

2. 各年龄班体育游戏的特点

（1）小班。游戏的动作、内容、情节简单，角色少。为便于相互模仿，主要是集体同时做出相同的动作。3 岁的幼儿处于身体生长发育的初期阶段，其体力较弱，奔跑、投掷、跳跃和平衡等基本动作还在初学阶段，生活和游戏中需要掌握的动作还没有完全学会。因此，小班体育游戏的动作、情节都要简单，变化角色也少，便于模仿，游戏规则也要容易遵守。在游戏中，最好只包含一两种基本动作，主要角色由教师担任。

（2）中班。幼儿年龄进入高一层次的阶段，游戏的内容、动作、情节、规则较复杂，有一定的难度，角色增多，并具有一定的限制性、惩罚性。4~5 岁的幼儿体力增强，掌握动作较快，活动能力增强，平衡能力提高，而且有信心完成有一定难度的动作。因此，体育游戏的动作可多样化，如可进行攀登、投掷和跳跃动作的游戏，游戏中适当增加竞赛性和角色。

（3）大班。游戏动作增多，难度加大，角色更加复杂，要求幼儿动作灵敏、协调，规则复杂。幼儿的争强好胜心理强，喜欢竞争性和有胜负结果的游戏。所以，对大班的幼儿可增加具有竞赛性的追逐游戏，游戏的动作可增加复杂性，难度也可加大，游戏中的情节和角色之间的关系可更复杂些。

第三节　幼儿园其他教育活动的组织

一、幼儿园综合主题教育活动的组织

幼儿园综合主题教育活动主要采用主题单元，是实施幼儿园课程的一种方法，具有开放性的特点。课程的综合化可以通过学科（领域）、发展方面、专题及幼儿园的环境等综合举行，但最为常见的是通过主题综合的形式进行。可见，幼儿园综合主题教育活动是幼儿园较为常见的教育活动组织形式。

幼儿园综合主题教育活动的含义主要包括三个方面：①幼儿园主题活动是指在一定的时间，围绕一个中心内容（主题）组织的教育教学活动。②幼儿园主题活动具有多层次的综合作用，是教育内容的整合。幼儿园主题活动是以主题为中心来组织的，是实现综合的途径。③幼儿园主题活动指课程某一单元、某个时段要讨论的中心话题，通过对这些中心话题的讨论，使幼儿获得新的、整体的、联系的经验。这里把幼儿园综合主题活动界定为：在一个时间范围内，围绕一个主题，通过多个关联的活动组织的教育活动，进而促使幼儿获得整体的新经验。

幼儿园综合主题教育更关注幼儿主动学习能力的获得。教育活动的结果更关注幼儿智能的多元化发展。

（一）幼儿园综合主题教育活动的特征

作为幼儿园课程中常见的一种课程形式，综合主题教育活动具有自身的一定的特点。幼儿园主题活动具有整体综合性，互相关联性，且非常强调动态生成，重视幼儿的主体性发挥等特点。

第一，整体综合性。《幼儿园教育指导纲要（试行）》中指出：幼儿的学习是综合的、整体的，在教育过程中应该依据幼儿已有经验和学习的兴趣和特点，灵活、综合地组织和安排各方面的教育内容，使幼儿获得相对完整的经验。幼儿园综合主题教育活动中的

主题虽有不同的侧重，但彼此是联系的、综合的。幼儿园综合主题教育活动，把语言、艺术、科学、社会和健康五大领域的内容融合在一个主题中进行，相互联系的、追求的是教育内容的整合，体现了其整体综合性的特点。

第二，生成性。幼儿园综合主题教育活动是灵活的，主题可以是幼儿感兴趣的，也可以是由幼儿一日生活中的某一问题产生的。另外，主题教育活动在围绕一个主题展开独立而又有关联的教育活动时，注重预设和生成性的特点，在组织教育活动的时候，可以根据现实的需要，适当地增加或者减少相关的其他教育活动，使主题教育活动更适合幼儿的实际需要，教育内容更贴切，进而让幼儿的学习发展更自由、更科学。

第三，关联性。幼儿园综合主题教育活动是围绕一个主题在一定时间进行的不同教育活动。可知，一个综合主题活动的开展需要一定的时间，围绕一个主题开展的独立的教育活动在其内部是关联的，主题网络图“我是中班小朋友”就体现了这一点。

第四，多元性。幼儿园综合主题教育活动还体现了多元性的特点。幼儿园综合主题教育活动的目的是促进幼儿的多元化发展，而不是唯智教育。幼儿的学习场所不再局限于传统的活动室，而是走向大自然、大社会，运用的是活教材。教师创建的是多元的学习空间，幼儿在更为广阔的空间里进行体验式学习，以丰富自身的经验。

（二）幼儿园综合主题教育活动的目标与内容

（1）幼儿园综合主题教育活动的目标。目标、内容、实施、评价是课程的四要素，教育目标是教育活动最重要的因素和前提。作为具有整体综合性特点的幼儿园综合主题教育活动，是通过幼儿的发展目标把五大领域的内容联系在一起的教育形式，所以教育目标对教育实践活动具有指导性作用。

制定单元活动目标时，应该充分考虑从总目标、主题蕴含的价值、幼儿的实际发展的需要等因素出发来确定科学合理的知识技能、情感态度和能力三维目标，要兼顾综合性与一般性。例如，主题“巧手裁缝”提出“自己与裁缝的关系”“服装的结构、款式和制作”等小主题，确定主题活动目标为：①知道裁缝工作与自己生活的关系，激发对裁缝的感激与喜爱；②了解服装的制作过程，认识服装的结构与款式；③学当小裁缝，感受制作活动的乐趣，大胆创作美。

又如，围绕“春风”，为大班幼儿设计主题活动，其主题活动的总目标和三个子活动目标如下。

“春风”主题活动总目标：①知道春天里周围景物发生了哪些有趣的变化；②能用朗诵、绘画等各种方式感受春天，体验创作的快乐；③知道春天里常见的疾病有哪些，能照顾好自己；④喜欢春天，愿意围绕“春风”的主题进行各种活动的探索。

活动一：“春风”（大班语言领域活动）的活动目标：①理解诗歌的主要内容，知道春风给大地带来的变化；②能正确地朗诵诗歌，并进行仿编活动；③喜欢参加语言领域活动，热爱春天。

活动二：“我是健康宝宝”（大班健康领域活动）的活动目标：①知道春天里常见的疾病有哪些；②能在日常生活中正确保护自己，预防春天里的疾病；③对健康知识感兴趣，养成良好的卫生习惯。

活动三：“春天的花朵”（大班艺术领域活动）的活动目标：①知道春天里有哪些花朵，了解它们的特征；②掌握指纹画的步骤和方法，会用指纹画表达春天的小花；③热爱大自然，对美术活动感兴趣。

由此可见，主题活动目标起着统领作用，与其子活动目标比较，显得更概括、更笼统，而该主题下的子活动目标又是为了进一步落实主题活动总目标，且又有针对性地体现了相应领域的具体培养目标。

（2）幼儿园综合主题教育活动的内容。《幼儿园教育指导纲要（试行）》中指出，主题活动内容的选择要体现三项原则：既适合幼儿的现有水平，又有一定的挑战性；既符合幼儿的现实需要，又有利于其长远发展；既贴近幼儿的生活来选择幼儿感兴趣的事物和问题，又有助于拓展幼儿的经验和视野。

在综合主题教育活动中，注意培养幼儿主动学习的能力，灵活运用“四个尽量”的方法组织主题教育活动，如能让幼儿动手操作的尽量让幼儿自己动手做一做；能让幼儿观察的事物尽量让幼儿自己去观察；能让幼儿自己表述的内容尽量让幼儿自己去表述；能让幼儿自己得出结论的尽量让幼儿自己通过归纳得出结论。这样幼儿通过动手、动脑、动口的训练，能使其潜在的各种能力充分得到发掘。因此，在选择综合主题教育活动内容时需要注意：主题的来源是五大领域，受到幼儿、教师、主题自身的价值、以往的主题、学科知识和可用的教育资源的影响。应根据这些因素来围绕主题设置一系列活动，如确定活动名称、目标、领域等。

另外，幼儿园的主题教育活动的内容要与幼儿的生活经验息息相关。幼儿园一般以自然和社会为主线，确定主题内容。

第一，自然类主题。自然类主题包括动植物，声、光、电、磁、力、风、雨等自然现象，季节变化，沙、水、石等自然物质等。如“我们的动物朋友”“奇妙的蛋”“小兔乖乖”“小鱼游”“各种各样的植物”“甜甜的水果”“会变的天气”“温暖的春天”“树叶飘飘”“下雪了”“海洋世界”“有趣的水”“好玩的石头”“好听的声音”等。

第二，社会类主题。社会类主题主要包括家庭、幼儿园、社区、节日、家乡、民族、衣食住行、环境保护等。如“上幼儿园了”“我喜欢的老师”“好朋友”“我的家”“我的妈妈”“团团圆圆过中秋”“快乐的新年”“美丽的家乡”“祖国我爱你”“多彩的少数民族”“生活中的标识”“服装博览会”“各种各样的建筑”“汽车嘟嘟嘟”“有趣的包装”“我要上小学”“各种职业的人”“世界真奇妙”“环保小卫士”等。

（三）幼儿园综合主题教育活动的组织与指导

在了解了幼儿园综合主题教育活动的内涵、教育目标、内容后，进入组织与指导的环节。幼儿园综合主题活动的实施过程总体分为三个阶段，即准备阶段、实施阶段、总结阶段。

1. 准备阶段

确定主题是幼儿园综合主题教育活动准备阶段的关键环节，需要教师和幼儿共同讨论、收集相关的资料、积累经验等，包括确定主题和要研究的问题，收集相关资料，计划参观活动，创建主题所需资料及相关支持策略等。在教育中教师处于主导作用，幼儿处于主体地位，那么在确定主题的时候，教师应该从幼儿的实际生活和需要出发，带动幼儿一起讨论自己感兴趣的话题，来确定综合主题活动的主题并进行活动命名。接着，教师需要跟幼儿一起，制作科学、合理、有趣的主题网络图。在制作的过程中，可以从幼儿感兴趣的问题出发，以推进的方式师幼共同制作。在确定了科学、合理的主题后，进入收集相应的材料阶段，在这个阶段可以跟幼儿讨论收集与主题相关的材料的方式和数量。材料形式不限，如资料可以是图片、实物、照片、影视资料、作品等。在收集材料的过程中，可以整合多方教育资源和多方力量，如加强家园合作、社区合作、实地参观、借助多媒体方式等。当幼儿按照要求和自己的兴趣收集了众多的与主题相关的材料后，将面临对这些材料进行分类、整理，这时候，教师需要跟幼儿一起讨论和制定相应的标准和怎样分类，这个过程可以让幼儿进一步学习到知识由点到面的转化，感受到知识的积累过程，使其分享能力得到提高。

2. 实施阶段

在各项准备工作做充分后，进入幼儿园综合主题教育活动的实施环节，这个环节包括确定综合主题活动的目标、主题活动的环境创设、材料的投放、内容的融入等（见表4-1）。

表 4-1 幼儿园综合主题活动实施阶段和内容要求

序号	实施阶段	内容要求
1	确定主题活动目标	渗透各领域内容
2	主题融入生活活动及环节活动	生活环节的主题渗透
3	区域指导及材料投放	区域设置、区域指导、区域环境
4	环境创设与利用	精神环境、物质环境（主题墙等）
5	集体教学活动	主题活动中预设的集体活动
6	户外活动	户外游戏和户外体育活动
7	家长工作	家长助教、亲子活动等

首先，综合主题活动目标的确定。幼儿的发展水平是设计教育活动的重要依据，应该根据幼儿的发展水平来确定综合主题活动首要的目标。如大班的“糖葫芦”主题活动，确定的总目标：①让幼儿通过不同的感官了解糖葫芦的特点；②可以大胆地表达出自己的感想。可以看出，大班应该更加注重幼儿主动学习能力的提升和培养幼儿的探究精神。在主题目标中，教师需要让幼儿主动学习、启发并锻炼幼儿自己解决问题的能力，促进幼儿在教师组织的活动中不断发展。

其次，提供支持性的学习气氛。教师在开展综合主题教育活动的过程中，应考虑到“区域活动”“环境资源”“外部资源”等因素（见表 4-2）。

表 4-2　幼儿园开展综合主题教育活动的因素

类别	内容
区域活动及材料投放	区域活动对幼儿园综合主题活动的开展起着重要的作用，教师要在区域投放合适的材料，做好区域的布置并进行科学的指导，这对促进幼儿的多元智能的发展起着积极的作用。首先，应该对区域墙面进行创设，这部分内容应该由幼儿独立完成或者教师与幼儿共同设置。其次，是区域里面的材料投放，这也是幼儿进行区域活动或者游戏的重要基础，应该根据幼儿的年龄特点而投放不同的操作材料，如小班区域可以投放一些结构化程度高的成品材料，大班区域可以投放半成品材料或者原始的材料，以发挥幼儿的创造力、想象力和探究能力。同时，注重材料的层次性，以利于幼儿与环境中的材料进行互动。如“巧手裁缝”主题活动，在角色区可以投放裁缝操作的工具：尺子、裁缝剪刀、布、缝纫机、针、线、顶针等材料；在阅读区可以投放一些关于服装制作的图书，引导幼儿阅读并进行相应的制作，并注意根据幼儿的需要进行有效的、适宜的指导

续表

类别	内容
区域外环境创设	针对主题活动的需要，进行精神环境和物质环境的创设。在进行精神环境的创设时，教师应该跟幼儿建立良好的师幼互动关系，信任、理解、尊重幼儿，让幼儿能安心、舒适地在幼儿园里生活。在进行物质环境创设时，应该首先考虑主题墙的创设，幼儿园的主题墙是综合主题教育的重要组成部分，它集中体现了幼儿在一个主题单元的学习情况，主题墙上还可以反映幼儿的发展差异，促进幼儿的互动以及学习能力的发展

再次，在幼儿园的生活时间里，应该注意幼儿的一日生活中幼儿园环境的创设，此时应该注意幼儿的生活环境应贴近幼儿的日常生活，充分满足幼儿的心理和发展的需要，让幼儿能在熟悉而感兴趣的环境中主动学习、安心学习。

最后，整合多方教育资源。综合主题教育活动注重对幼儿的整合性、多元化、体验式学习等多种学习方式的运用，所以教师应该引导家长也参与到幼儿园的教育活动中来，家长不能仅限于资料收集和材料的投放，而应该参与到幼儿园综合主题教育活动的选择、设计和实施中来，以加强家园合作、社区合作，形成教育的合力。

3. 总结阶段

幼儿园综合主题教育活动总结阶段的主要任务是对主题进行总结、反思、资料整理归档、活动延伸等。在这一阶段，教师通过各种方式和途径，对前两个阶段的主题活动进行总结、评价和延伸，帮助幼儿将获得的经验系统化，培养幼儿的总结概括能力和自我评价能力，同时提升幼儿的自信心和对主题教育活动的兴趣。这一阶段的活动形式有：

一是总结谈话活动。幼儿可说说自己印象最深的活动或游戏，获得了哪些经验和收获，哪些方面做得不够好，可以如何改进等。

二是分享活动。如美食、玩具、亲子作品等活动，通过美食汇、作品展示会、玩具交换活动、服装秀等与教师、家庭成员和社区人员进行分享、交流，体会分享的快乐。

三是庆祝活动。有些主题活动可与节日或一些庆祝活动结合开展，如国庆节、端午节、幼儿毕业会等，一般包括表演节目、赠送礼物、致辞、颁奖等，以此升华主题教育活动的意义，使幼儿获得自信和快乐，培养幼儿的美好情操。

四是资料整理。在主题活动末期将活动过程中收集的信息、图片、照片和视频以及幼儿的记录等资料整理归类，可为以后班级开展此类活动提供经验，也可使幼儿认识到归纳整理的意义和方法，养成整理资料的好习惯。

五是教师反思。在主题活动结束阶段，教师要做一个善于反思的人，反思幼儿有哪些发展，主题活动过程中教师的指导策略是否适宜，教师在主题活动过程中有哪些感悟，还存在哪些问题等。

二、幼儿园区域活动的组织

区域活动也可以称为“区角活动”，它对幼儿而言是一种准备好的、自由的活动空间，幼儿在这个空间里可以根据自己的兴趣和需要，用操作材料、扮演角色等方式与环境、同伴进行有效互动，从而获得个性化学习和发展。幼儿园中的区角可以划分为不同主题的区域，如角色区、建构区、美工区、益智区、表演区、科学区等。

（一）幼儿园区域活动的特征

在组织区域活动时，教师应更趋向于尊重幼儿个体化差异，注重幼儿个人探索能力的培养，打造一种“见儿童”的教育组织形式。区域是教育者为受教育者准备的物化的、可操作的环境。在这个环境中，幼儿是自由的、主动的，幼儿的主体性得到了很好的体现，而教师是观察者、隐性的指导者。师幼之间是互动的、相互尊重的关系。总而言之，相较于幼儿园其他的教育活动，区域活动有着自己独有的特点。

第一，自由性。在进行区域活动的时候，幼儿可以自由地选择自己的学习方式、自由地操作区域中的材料，是在有准备的环境中探究自己感兴趣的、有需要的活动。在这里，幼儿是自主的学习者，能与环境、材料自由地进行互动式学习。教师只有在幼儿可能面临不利状况的时候或者受阻碍的时候才进行干预。

第二，主体性。区域活动中，幼儿是自由的、相对的，教师不再是直接的指导者，而是“有准备的环境”的提供者、引导者，幼儿就是区域活动的主人翁，自己全程掌控自己的学习过程，对自己的学习负责。在区域活动进行的过程中，幼儿做着自己需要的、感兴趣的活动，体验到的是学习过程的快乐。

第三，个性化。区域活动中的教育是差异化的、个性化的。在区域活动中，幼儿的个别差异更受到重视，幼儿在这里可以自由地选择玩伴、学习方式、操作材料等，在符合自己发展规律的活动中获得个性化的发展。

第四，间接性。在进行区域活动时，幼儿不再是前知识的被动接受者，而是开始向环境学习、向活动区中的材料学习的自主学习者。教师的角色由权威知识的传授者转变为环境的创设者、材料的准备者、幼儿发展的支持者。幼儿进行区域活动时，也是幼儿自我教育的时候，教师只需以观察为主，尊重幼儿、平等地对待幼儿，让幼儿积极进行区域活动。在观察、了解幼儿后，教师为幼儿提供更加自由的学习，做好保护者的角色，是间接的指导者。

（二）幼儿园区域活动的组织与指导

区域活动作为一个开放的系统，置身其中，幼儿可以自由、自主地根据自己的需要和兴趣进行自我教育，而教师适宜、及时的指导有利于使区域活动更有效且顺利地进行，同时也可以提高幼儿的自我教育水平。教师有效地进行区域活动的组织与指导的方式如下：

第一，遵循的原则。区域活动是一个自由的系统，幼儿的活动是自由的、自主的，以幼儿的自我教育为主是幼儿区域活动的主题，决定了教师在幼儿园区域活动中扮演的角色应该是非直接的、富有个性的。教师主要是通过投放材料和以游戏的形式介入指导现场，是观察者，所以应该遵循“直接指导为次要的，间接指导为首要的”原则。

第二，指导的基础。观察是指导的依据。区域活动中教师指导遵循的原则是“间接指导为主、直接指导为辅”。那么提供材料后，当幼儿进行区域活动时，教师就应该退居幕后但又不能离开教育现场，他们不是教学的主导人，而是幼儿发展的支持者和观察者。教师通过观察来发现幼儿区域活动进行的具体情况，然后进行必要的介入指导，保证教育活动的开展，同时作出适当的调整，便于后期活动的开展，如区域活动中材料的减少、增加、组合问题，就要通过观察作适当的调整才能切合幼儿发展的真实需要。删减材料是指教师在原有材料的基础上减掉一些材料，使游戏出现新的问题情境，从而产生新的游戏的方式；增加材料是指教师在原有材料的基础上增加一部分新材料，使游戏出现新的转机，产生新的含义，引导幼儿进行新的探索活动的方法；组合材料是指“教师将原有的两组或两组以上的游戏材料组合在一起，形成新的游戏，引起幼儿新的活动的方法”。

第三，指导的形式。教师在区域活动中应该进行平行指导、垂直指导和交叉指导。

平行指导是指教师以幼儿共同的角色或者操作相同的材料开展活动，这时幼儿可以模仿学习。教师的指导是示范，具有暗示性意义。

垂直指导是指教师具有权威性的指导地位，直接对幼儿进行干预。一般情况下，是当幼儿的活动进行受到严重干扰的时候，所采取的一种方法。

交叉指导是指教师以幼儿活动中的一个角色参与到幼儿的活动中，以有情节的活动介入幼儿的活动中进行指导。这时候，教师与幼儿有交流、沟通。

第四，具体指导步骤。区域活动的指导遵循“计划—工作—回顾”的程序，所以，教师应该制订活动计划，帮助幼儿执行、完成和不断丰富与深化计划，指导幼儿的整理工作，引导幼儿对自己的活动过程进行回顾和评价等。针对区域活动，教师应该遵循以下原则：首先，幼儿在进行区域活动前需要拟订一份计划。这个计划教师可以协助幼儿共同完成。根据幼儿的需要、兴趣来定，注意在幼儿制订计划的过程中，教师应该重点帮助不太擅长制订计划的幼儿。其次，制订计划后，幼儿进入活动环节。这个环节，幼儿主要通过与区域活动的材料、环境进行互动学习来实现这个过程，是区域活动的重点环节。这时候，教师除了观察外，需要关注的重点就是对那些在活动中无所事事、完全处于计划之外等状态的幼儿进行指导；防止那些阻碍区域活动顺利进行的情况发生；不断在区域活动中提高幼儿的活动水平。最后，在幼儿进行区域活动的时候，教师应该帮助幼儿遵守一定的规则，随时有整理意识。区域活动的开始、结束要有明显的信号，让幼儿的活动是顺利的，不能戛然而止。同时，因为幼儿存在差异性，所以，要照顾到各个幼儿的需要，不能让一些或个别幼儿处于无所事事的状态。活动结束后，给幼儿留足活动反思和评价的时间，教师应完善区域活动，提高活动的质量，促进幼儿的全面发展。

总而言之，在区域活动中幼儿是自由的、自主的，教师的指导应该是间接的、暗示性的、创造性的，所以对幼儿的区域活动中的指导，教师应该具体问题具体分析。

三、幼儿园生活活动的组织

（一）幼儿园生活活动的教育思想

生活是琐碎的，是充满细节的，而不是宏伟壮观的或激动人心的；它是自然的、随意的、没有经过精心设计的；它是人们为了满足自己的基本需要而进行的种种活动；生活中的细节、活动，是日复一日重复的。幼儿园的生活活动就是一种包含了教育成分的生活教育。生活教育，从一般意义上而言，意味着生活与教育的结合，这种结合一方面使人们将教育因素渗透于日常生活之中，因此是教育对生活的改造；另一方面也使教育过程体现出生活的特点，因此是生活对教育的影响。与生活教育有关的教育家及其教育思想主要观点如下：

第一，杜威的教育思想。美国著名教育家、心理学家杜威说，教育是生活的过程，而不是将来生活的预备。教育应该与生活经验紧密结合，儿童的本能生长总是在生活过程中展开的，生活就是生长的社会性表现。最好的学习就是“从生活中学习”，学校教育应该利用儿童现有的生活作为其学习的主要内容，把教育与儿童眼前的生活结合起来，让儿童学会适应眼前的生活环境。这极大地肯定了生活教育的重要价值和意义。杜威还提出了“做中学”的教育思想，最好的教育就是从生活中学习，从儿童自身的现实生活和活动中进行学习，从活动中获取经验，注重感性知识的积累，在“做”中潜移默化地接受教育，养成良好行为习惯与社会品质，从而促进儿童的整体发展。

第二，蒙台梭利教育思想。蒙台梭利教育法中的重要内容之一便是“日常生活练习”，所谓日常生活练习，就是让儿童学做日常生活中的小事，如让儿童自己学会穿衣、洗手、整理用具、清扫房间、准备饭桌、洗涤碗筷、照顾花草、饲养小动物等。蒙台梭利在实践中总结出日常生活练习的内容，涉及与儿童自身有关和与环境有关两个方面。与儿童自身有关的日常生活练习，注重儿童的自我服务，如穿脱衣服、刷牙、洗脸、洗手、梳头、洗手绢、叠被子、整理衣物等，从中让儿童从小养成自己的事情自己做的好习惯。与环境有关的日常生活练习主要是做家务，如扫地、拖地、擦桌椅、摆餐桌、开关门窗，甚至食物制作等，以培养儿童为他人服务的意识与能力。儿童进入学校学习、生活，教师应提前做好必要的准备，满足儿童内在发展需要，同时促进其秩序感、专注力、责任感、独立性以及对物体的认知等方面的发展。

第三，陶行知的教育思想。我国人民教育家、思想家陶行知指出全部的课程包括全部的生活，一切的课程都是生活，一切的生活都是课程。他的教育思想核心就是生活教育理论，生活即教育，不是说生活等同于教育，而是说教育与生活经历同一过程，教育离不开生活，生活也离不开教育。陶行知认为，自从有了人类社会，就有了人类的生活，也就有了人类的教育。教育随着人类生活的变化而变化。生活是不断前进的，教育也要不断进步，生活与教育密不可分。“教育不涉及生活是没有用的，需要生活的教育，用生活来教育，为生活而教育，为生活需要而办教育，教育与生活是分不开的”，他还提出了创造教育的思想——“六大解放”：解放儿童的双眼、解放儿童的大脑、解放儿童的双手、解放儿童的嘴、解放儿童的空间、解放儿童的时间。这对我们今天的儿童教育具有重要的借鉴意义和影响力。

第四，陈鹤琴的教育思想。陈鹤琴的“活教育”的思想体系，是以儿童发展为核心展开的，他说“活教育”的教学方法也有一个基本的原则：做中教，做中学，做中求进步。“活教育”有个重要的基点，那就是生活。“活教育”要引导儿童在生活中学习，在生活中劳作，在生活中学会合作、服务和创造。生活是教育的源头，教育需要从生活中汲取经验。

综上所述，生活活动是幼儿园培养幼儿各项能力和进行课程组织的基本途径和必要环节，是综合性的活动，包含了教师的教和幼儿的学，在幼儿园的教育活动中具有重要的价值。生活活动包括幼儿园的生活活动、家庭的生活活动、社会的生活活动。我们将主要论述幼儿园的生活活动。幼儿园的生活活动是发生在共同生活中的，共同生活主要指幼儿在教师创设的情境中，积极主动地与同伴、教师交流，参与营造共同的生活，养成生活的能力与习惯，并与周围更多的人接触和交流，体会人与人相互交流、理解、协作的快乐和意义，从而认识自己与周围人的关系，倾听他人的意见，关心和同情他人，逐步构造良好的性格基础。生活活动主要指生活自理、交往礼仪、自我保护、环境卫生、生活规则等方面的活动，旨在让幼儿在真实的生活情境中自主、自觉地发展各种生活自理能力，形成健康的生活习惯和交往行为，在共同的生活中能愉快、安全、健康地成长。

（二）幼儿园生活活动的目标分析

幼儿园的一日生活包含生活活动、区域活动、学习活动、户外活动四类基本活动，生活活动是第一个活动，可见它的基础性和重要性。生活活动是开展其他活动的基础，也是所有活动中花费时间最多、重复性最大、工作细微又琐碎的活动，它贯穿在一日生活的各个环节和始终，并且根据幼儿的身心发展特点和年龄特点又有不同程度的要求。

幼儿园日常生活组织要从实际出发，建立必要的合理的常规，坚持一贯性、一致性和灵活性的原则，培养幼儿的良好习惯和初步的生活自理能力。

2001 年 7 月，教育部印发的《幼儿园教育指导纲要（试行）》中明确指出，幼儿园教育的组织应注重综合性、生活性和趣味性，要使幼儿教育真正具有整体性，需要我们真正践行以下观念：幼儿的发展是整体的、全面的，幼儿教育应注重整体性和全面性；幼儿一日生活中的各项活动都对幼儿发展有重要价值，应有机地整合各项活动，努力提高各项活动的整体成效。总则中指出："幼儿园应为幼儿提供健康、丰富的生活和活动环境，满足他们多方面发展的需要，使他们在快乐的童年生活中获得有益于身心发展的经验。"

幼儿园教育的内容是全面的、启蒙性的，《幼儿园教育指导纲要（试行）》把教育内容划分为健康、语言、社会、科学、艺术五个领域，把生活活动的内容融合在五个领域中，并在领域目标、内容与要求、指导要点、组织与实施中都做了不同的表述。例如，在健康领域里，对生活常规、生活习惯、生活自理能力、集体生活都有要求，即在生活中进行健康教育；在语言领域里，要求理解日常用语，培养幼儿对生活中常见的简单标志和文字符号的兴趣；在社会领域里，要求在共同的生活和活动中，以多种方式引导幼儿认识、体验并理解基本的社会行为规则；在科学领域里，要求能从生活和游戏中感受事物的数量关系并体会到数学的意义和有趣，在生活经验的基础上，帮助幼儿了解自然、环境与人类生活的关系；在艺术领域里，要求感受并喜爱环境、生活和艺术中的美，美化自己的生活；在组织与实施方面，要求教育内容的选择贴近幼儿的生活，寓教育于生活和游戏之中。

生活活动是幼儿在园活动的重要组成部分，晨间锻炼、进餐、睡眠、散步、日常劳动等都是与生活直接关联的活动。对幼儿而言，身体的发展，以及基本的生活习惯和生活能力的形成是最为重要的目标。因此，生活活动在幼儿园课程中占有重要的地位，是幼儿园课程的一个重要特质。生活活动对幼儿的发展有特殊的意义，现实生活具有对课程内容的渗透作用、综合作用，生活就是一种综合性的活动，生活活动中包含了多领域的、丰富的教育内容。幼儿园课程的实施应关注幼儿一日生活中的各类活动，并注意各类活动之间的有机联系，发挥这些活动的互补作用，做到在生活中学习，在游戏中学习，学习联系生活、利用生活，使一日生活成为一个真正的教育整体。

（三）幼儿园生活活动的组织与指导

1. 幼儿园生活活动的组织与指导原则

（1）个别和整体相结合的原则。该原则是指生活活动的教育既要面向全部的幼儿进行集体教育，又因个体差异要因材施教，对个别幼儿进行专门的指导。因为幼儿来自不同的家庭，生活环境、家庭背景存在差异，同时幼儿的发展又具有普遍性和特殊性，表现出不一致的发展速度，这就要求我们尊重幼儿的个体差异，点面结合，使整体教育和个别教育能相互促进和相互补充，促进幼儿的全面发展。

（2）一致性和一贯性相结合的原则。幼儿良好行为习惯的养成需要教养者达成一致的教育态度，并且将这一致的态度贯穿幼儿教育的始终，不可意见不一，半途而废。幼儿教育中“5+2=0 现象”就是没有做到教养态度的一致性和一贯性。在幼儿园生活、学习五天所养成的良好习惯，周末两天的家庭教育没跟上，结果教育成效不仅没有提升，甚至还有降低的趋势。例如，幼儿园要求幼儿自己吃饭，幼儿在园时独自吃饭的任务也完成得很好，可是回到家之后，家人总给孩子喂饭，或者允许孩子边吃边玩，结果出现了不同的表现，很多家长纳闷儿：为何孩子在幼儿园和在家表现不一样？特别是寒暑假之后，幼儿开学回到幼儿园，教师发现幼儿平时养成的习惯都被“抛诸脑后”，又要重新培养，导致教育的价值和成效不高。

一致性包括班级教师保持教育态度的一致性，幼儿园内部各方面的一致性，家园教育态度的一致性，甚至社会教育、大众媒体教育、社区教育都保持一致的态度。唯有如此，才能共同促进幼儿的成长和发展。

（3）适宜性和发展性相结合的原则。生活教育的组织与安排，既应考虑幼儿的身心发展特点和年龄特征，也要根据幼儿的最近发展区去组织活动。如同样是“进餐”环节，小班的要求是：愉快、安静地进餐，坐姿端正，知道餐前洗手；吃饭时，要细嚼慢咽，饭后在教师的提醒下擦嘴、漱口，能放好餐具和椅子。中班的要求是：逐步养成“四净”的进餐习惯：桌面干净、地面干净、身上干净、碗内干净；餐前洗手，会正确使用餐具，细嚼慢咽，吃饭时不发出响声，能在规定时间内吃完一份饭菜；餐后擦嘴、漱口，会自己收拾餐具，餐具轻拿轻放。大班的要求是：养成“四净”的进餐习惯：桌面干净、地面干净、身上干净、碗内干净；会正确使用筷子，餐后擦嘴、漱口；自觉排队添饭，饭后轻放餐具，并进行安静的活动，如散步、看书等。其他环节也应有差别。另外也应与社会和文化相适宜，如中国人习惯拿筷子吃饭，而西方人习惯拿勺子，这就应区别对待。

（4）示范与讲解相结合的原则。该阶段，幼儿的思维还是直观形象思维，这决定了他们的学习方式是直观和可操作的，“做中学”是他们学习的特点。教师要在各个环节都给予幼儿正确的示范，并加以讲解。例如，洗手的方法和步骤，教师首先要进行示范，让幼儿知道洗手的全过程，然后分别进行每个步骤的示范与讲解，让幼儿亲身实践，学习正确洗手的步骤和方法。在这个过程中，教师巡回指导，对有需要的幼儿进行矫正与指导，在实际生活中加以练习和运用，最终使其养成良好的生活行为习惯。

2. 幼儿园生活活动的组织与指导策略

（1）入园环节的组织与指导策略。开窗通风并做好室内外的卫生清理工作，为幼儿营造舒适、洁净的生活环境；亲切热情地接待幼儿、家长，与孩子拥抱问好，与家长简单交谈，做好交接手续；观察幼儿的情绪、神态，了解幼儿的健康状况，检查有无带危险物品来园；对家长的特殊需要做好记录，并及时让班级教师知晓；引导幼儿自我检查，将不安全的物品放在指定位置并妥善保管；引导值日幼儿完成相关任务。

（2）盥洗环节的组织与指导策略。做好盥洗准备，保证幼儿用肥皂、流动水洗手，用消毒毛巾洗脸；随时保持盥洗室的干燥，做好防滑工作；组织幼儿有序地进入盥洗间，并将衣袖卷起至合适位置；将正确的盥洗方法，以及爱清洁、节约用水等内容以图示、文字等简明形象的方式呈现在幼儿盥洗处，并提醒幼儿遵守；指导幼儿正确地洗手，关注能力弱的幼儿，对不同的幼儿给予相应的帮助；提醒幼儿不玩水、不玩肥皂等，发现幼儿有打闹、玩水现象应及时提醒或指导；检查盥洗结果，提醒幼儿擦手并将卷起的衣袖拉下；幼儿盥洗结束后，及时用拖把擦干地面上的水，待最后一名幼儿洗完手后再离开盥洗室。

（3）进餐环节的组织与指导策略。分餐前用肥皂洗手，每餐（点）前 10 分钟做好桌面消毒工作；提供的食物温度适中，避免食物过烫、过冷，严禁让幼儿进食不卫生食物。避免餐具造成的划、戳伤；组织幼儿按时进餐，餐前可进行讲故事、念儿歌、听轻音乐等安静的活动，让幼儿有一个良好的进餐环境；进餐前 15 分钟提醒幼儿结束活动，做好盥洗，准备进餐；取和分发餐（点），必须戴好口罩，掌握幼儿的进食量，根据幼儿的进食量和少盛多添的原则，有秩序地分发；指导值日幼儿分发餐具、餐巾，轻拿轻放，摆放整齐；掌握每餐食谱，向幼儿介绍当餐食品的营养，激发幼儿进餐欲望；鼓励幼儿独立、积极地进餐，不催促幼儿用餐。提醒幼儿在用餐时间内进餐完毕（中班、大班30分钟，小班40分钟）；观察、照顾幼儿进餐，轻声、和蔼地指导幼儿正确使用餐具；观察进食量，纠正不良进餐习惯，如偏食、挑食行为。鼓励幼儿吃完自己的一份饭菜，提醒吃饭慢的幼儿吃饱吃好；对有特殊进餐要求的幼儿给予个别照顾，及时做好调整；提醒幼儿饭后将餐具摆放整齐，擦嘴、洗手、漱口；所有幼儿进餐结束后及时送回碗筷，收拾餐桌，清扫地面，清洗餐巾和漱口杯并进行消毒；餐前餐后半小时内不做剧烈运动，有计划地组织餐后活动。

（4）如厕环节的组织与指导策略。督促幼儿便后用流水洗手；准备好卫生纸，方便幼儿随时取用；及时为遗尿的幼儿更换和清洗衣裤；保持厕所清洁通风，随时清洗、消毒，做到清洁、无异味；指导幼儿正确使用便纸，提醒或帮助幼儿整理好衣裤，便后洗手；观察幼儿的大便情况，发现异常时及时与家长联系并做好记录；掌握幼儿的大小便习惯，及时提醒幼儿如厕，特别提醒容易遗尿的幼儿解便；指导幼儿掌握正确的如厕姿势，大小便入池，正确使用手纸及脱提裤子；指导中、大班幼儿独立如厕，便后冲刷厕所。

（5）睡眠环节的组织与指导策略。为幼儿营造良好的睡眠环境，排除环境中的危险因素；组织幼儿安静入寝，进行午检，要求幼儿不带异物上床，注意幼儿的身体、情绪状况；指导或帮助幼儿有序地脱衣、裤、鞋、袜，提醒其放在指定的位置；护理体弱幼儿，观察带病幼儿，发现神色异常的要及时处理并报告；照顾入睡困难的幼儿，上床半小时后班级入睡率要达到90%以上；教师看睡时动作要轻，不大声说话，不能以任何借口离岗、做私活、会客、吃零食、睡觉等；细心观察幼儿的午睡情况，对睡眠不好的幼儿要仔细观察，发现不适时及时处理，随时巡查，为幼儿盖好被子，教给幼儿正确的睡姿，纠正幼儿的不良睡眠习惯；轻声提醒常尿床的幼儿起床如厕，发现幼儿尿床，要及时换洗；随时保持室内空气新鲜，天暖无风时可打开窗户，拉上窗帘，但应避免对流风吹在幼儿身上。夏天酷热时（气温超过33℃）可使用空调，室温不低于28℃，随时准备柔软的毛巾为幼儿轻轻擦去汗水；组织幼儿按时起床，可做3~5分钟的起床操，起床时观察幼儿的情绪有无异常，指导幼儿穿衣、整理床铺，提醒、帮助起床动作慢的个别幼儿；起床后检查幼儿的服装及鞋袜，指导、帮助幼儿梳头，组织幼儿喝水，提醒其保持安静。

明确环节，教师在午睡活动前，要确保午睡环境的舒适。例如，温度是否适宜，是否过热或过冷。同时，教师应进行午睡陪伴，不能无人看护，在这个过程中，观察幼儿的睡眠情况，纠正不良睡姿和习惯。

（6）离园环节的组织与指导策略。安排适宜的离园前活动；帮助幼儿整理仪表仪容，检查幼儿的服装穿戴是否干净、整洁、适宜，提醒幼儿收拾好自己的物品，有礼貌地向教师和小朋友道别；热情接待家长，及时回复家长嘱咐的事宜，随机和家长交流幼儿的当日在园情况，做好个别特殊幼儿的交接，提出希望得到家长配合与支持的要求和具体方法；严格确认接幼儿的家长，遇有陌生人来接，用电话或其他可信方式进行确认；当幼儿在园内发生特殊的突发事件时，教师必须在第一时间主动与家长联系，保留好相关资料，做好相关记录，认真、妥善地处理善后事宜；待幼儿完全离开活动室后再做好次日各项活动的准备，收拾整理教室，及时清除垃圾、污物，清洁工具要专用，拖把、抹布每次用后及时清洁、消毒，干燥保存；坚持每天用紫外线对活动室、寝室消毒一次，消毒时要确定室内无幼儿，关好门窗，并做好记录；离开时检查门、窗、水、电是否关好。

离园活动是幼儿园一日生活的最后一个环节，也是对一天生活的总结。在该环节中，可以组织一些谈话活动，带领幼儿总结今天的学习和收获，今天的情绪和开心的事件，对幼儿提出表扬和鼓励。同时也可开展一些离园小游戏，既能减轻幼儿等待的焦虑，也合理地安排了等待环节，此环节也适合做一些简单的家园沟通，了解近期幼儿在家里的表现，向家长介绍幼儿在园的情况，进行双向的交流。

同时，良好生活习惯的培养离不开家庭的配合，《幼儿园教育指导纲要（试行）》中指出，幼儿园要与家长配合，根据幼儿的需要建立科学的生活常规。培养幼儿良好的饮食、睡眠、盥洗、排泄等生活习惯和生活自理能力。幼儿出现的生活习惯不好等问题，多与家庭中的练习与强化不到位有关，应提醒家长帮助幼儿巩固在幼儿园建立的生活习惯，指出家庭中出现的过度包办代替等不正确现象，希望家长注意。

第五章　幼儿园教学团队与管理创新

第一节　幼儿园教学团队的建设与管理

一、保教队伍基本情况分析

要管理好保教队伍，必须先了解保教队伍的组成情况，第一步是对保教队伍的基本情况进行调查，并对调查了解到的情况进行分析。

1. 保教人员的个体状况

幼儿园通过建立保教人员业务档案对保教人员的基本情况进行记载，同时通过常规检查和平时检查了解保教人员的业务能力和取得的业务绩效，并在业务档案中进行记载。园领导可以利用闲暇时间翻阅这些档案，对员工的情况进行了解，为科学合理地用人打好基础。具体而言，平时的调查或检查可以从保教人员的文化水平、业务能力、思想状况、特点兴趣和家庭测验、个人生活等方面进行。有的幼儿园园长将调查或检查项目制作成表格，根据所掌握的情况，由园领导对保教人员的基本素质作出定性的评价。

在对保教人员个体素质状况作出较客观的分析评价的基础上，引导教师从以上几方面作出自我分析评价，激励其认识自我，不断调整改进，进而依据对每个教师的鉴别分析，提出进一步发展和改进的具体建议，在肯定个人特色的基础上，提出进一步发展和改进的具体建议。此建议也可以以表格的形式发给教师，由教师填写基本情况，园领导填写建议，并存入个人业务档案。

园领导在对保教人员个体情况作出分析评价时，应注重一些基本要求，充分调动员工的积极性。第一，注重有计划地进行人力资源的开发。员工的专业知识和技能得到提高，不仅员工本人受益，幼儿园也会受益。因此，幼儿园在通过一定手段将师资队伍稳定下来之后，应有计划、有组织地对员工进行培训，促进其自我提高，从而提高工作质量和水平，促进幼儿园事业的发展。第二，注重以发展性的视角看待保教人员的素质。任何一个职工，不管他现在的状况如何，其专业知识和技能都能在学习和实践的过程中不断地掌握和提高。第三，注重检查评价、学习提高和人事管理的方法。园领导在工作中应注意探求促进职工发展和提高工作效率的手段和方法，如工作成绩的评定、检查，指导帮助，训练以及增加工作内容和职务轮换。第四，注重每一个保教人员的发展。科学管理理论认为，上一级的管理者都有责任为下一级员工的发展创造条件。任何一个保教人员都有责任通过各种形式的学习或培训促使自己不断地成长和发展。

2. 保教队伍的整体状况

了解幼儿园保教人员的个体情况是为了更恰当地用人，使其更好地“在其位谋其政”，充分发挥其潜力，为幼儿园的发展服务。作为一个幼儿园的管理者，同时还应该对园所保教队伍的情况有一个整体的了解。具体而言，就是要求管理者对整个保教队伍的状况进行汇总分析，了解全园教工的年龄结构、学历状况和任职年限以及经验水平等，以便整合园所的人力资源，充分发挥集体的力量。

第一，对保教队伍结构进行分析评价。园所的配置是否符合上级主管部门的规定，师生比例是否恰当，年龄结构是否合理，这些问题都需要管理者整体把握，使其保持一个科学合理的结构，在工作中达到事半功倍的效果。

第二，对保教队伍的流动性进行合理调控。在当前幼儿教师管理机制下，幼儿教师流动性强是一个较为普遍的问题，也是让幼儿园管理者很伤脑筋的问题。在大的机制没有改变的情况下，作为有责任心的幼儿园管理者应该想办法尽可能地稳定师资队伍，但每学期也要有一定的师资流动，一定比例的师资流动也有利于师资队伍的建设。管理者的任务不是杜绝流动，而是控制流动，让不适应幼儿园管理的师资流走，再补充新的师资，这样有利于师资队伍的建设。

第三，对保教队伍的学历、水平进行分析评价。园所的保教人员达到国家规定的学历和任职标准的人数有多少，不合格师资中曾受过专业训练的人数及其比例有多大，园所管理者都应了然于心。对师资队伍中业务能力较强的骨干教师，管理者不仅应了然于心，还应该建立骨干教师评选制度，充分发挥骨干教师的工作积极性和模范带头作用。

总而言之，幼儿园管理者应在充分了解熟悉保教人员个别情况的基础上，对幼儿园的保教队伍结构特点作出分析，再结合幼儿园的发展目标、规划，对近期及较长远的一个阶段内保教人员需求的情况作出预测，并制定保教队伍建设的远景规划和近期计划，逐步实施。

二、保教人员选聘

保教人员选聘就是通过招聘等手段去选择职位需要的保教人员的过程。具体而言，人员选聘是指在职位分类和定编定员的基础上，选择和配备合适的人员去充实幼儿园组织中的各项职务，以保证组织活动的正常进行，进而实现管理目标。人员选聘对组织的存在和发展有着极其重要的意义。首先，能满足园所发展对人员的需求。其次，能确保保教人员具备较高的素质。再次，能在一定程度上保证组织的稳定。最后，人员选聘的过程也是组织树立自身形象的过程。

保教人员选聘原则如何确定是影响人员选聘的重要因素，如何确定选聘原则也是幼教管理工作者经常探讨和研究的议题，特别是在以民办幼儿园为主体的形势下，保证科学的选聘原则对保教队伍的优化显得尤为重要。

1. 保教人员选聘的主要任务

保教人员选聘的任务是通过分析人与事的特点，谋求人与事的最佳组合，实现人与事的不断发展。为幼儿园的每个岗位配备适当的人员，不仅要考虑满足园所的需要，同时也必须关注每个成员的特点、爱好和需要，以便为每个人安排适当的工作。

2. 保教人员选聘的基本流程

第一，确定园所各岗位人员的需要量。选聘前，人事管理人员根据园所工作的需要确定必需的工作岗位，确定各岗位所需的人员数，并作出相应的岗位数及各岗位职员数表册，并报园务会讨论通过。

第二，按照程序选聘各岗位人员。根据园所工作人员选聘制度，组成专门的选聘工作小组，按照工作程序，遵循公平、公正、公开的原则选聘各岗位工作人员。

第三，制订和实施人员培养计划。各岗位的工作人员选聘确定之后，对新上岗的工作人员进行岗前培训，在不影响正常工作的情况下，制订新上岗人员的培训计划。

3. 保教人员选聘应遵循的原则

第一，绩效优先原则。绩效优先原则是指在保教人员的选聘上应以工作绩效作为评价考核的主要内容。凡是在促进幼儿身心健康发展方面确有成效，在服务家长、改善办园条件上有贡献，或者在提高幼儿园精神面貌、改进幼儿园形象方面作出成绩的员工都应当得到领导的肯定和认同，并作为选聘的重要内容。绩效优先原则的运用有利于在幼儿园建立公平感，有利于激发全园职工的进取精神，树立良好的园风，从而促进保教队伍素质的提高。

第二，扬长避短原则。扬长避短原则是指在保教人员的选聘上，注重全面考查，用其所长，避其所短，使人员的选聘真正为幼儿园的事业发展服务。

第三，双向选择原则。双向选择原则是指在保教人员的选聘上在考虑园所利益的同时，要尊重被选聘者的意愿和要求。当双方的利益都能得到满足或通过协商双方能达成一致意见的时候，被选聘者的工作积极性才能得到最大限度的激发。

第四，公平竞争原则。保教人员选聘会受到许多因素的影响。作为管理者一定要摒除干扰，以园所工作为重，营造公正、公平的用人环境，具体而言，就是在选聘员工时根据园所要求，预先制订人事调整计划，商定选聘标准和选聘程序，由选聘工作小组统一组织选聘工作，确保公正性和公平性。

4. 保教人员选聘的途径

保教人员选聘有两种途径：一种是从组织内部选聘，另一种是从组织外部选聘。选聘者应将工作中的成功因素与人员选聘途径相联系，判定高素质人员来源的途径，从而根据幼儿园发展的需求选择适当的人员，实现预期目标。

（1）内部选聘

内部选聘是从组织内部挑选适合的人员加以聘用，具体包括内部提升、内部调动、内部招聘三种方法。其优点首先是内部选聘费用较低，手续简便，人员熟悉，组织对准备选聘的人员可以作长期细致的考查，掌握其能力和素质、优点和缺点，从而决定其最合适的工作；其次是选聘的人员对组织的基本情况有所了解，能比较快地进入角色；再次是内部提升为组织成员提供了更具挑战性的发展机会；最后是内部招聘提供了组织内公平竞争的机会，有利于调动成员的积极性。其缺点是容易造成自我封闭、近亲繁殖，不易吸收组织外优秀人才，导致组织缺乏动力，影响组织成员的积极性。

（2）外部选聘

外部选聘是指由组织内的职工介绍推荐、利用职业介绍机构、从大学院校选聘或通过广告公开选聘的四种方法。其优点是扩大了选择的范围，有利于获得组织所需要的人员，同时，外部选聘的实质是吸收异质因素来克服组织停滞、僵化的危险，为组织发展注入新的活力。其缺点就是对组织内部那些希望得到这一工作的人而言，则是一个较为沉重的打击，会影响士气。

现代组织往往把内部选聘与外部选聘结合起来，具体而言就是为了进行内部选聘而把外部选聘提前，这是人力资源管理中的前瞻性行为。

三、加大业务培训，强化职业能力

师资队伍建设的关键在于在职的继续教育，继续教育的内容重点又在于业务培训和职业能力的发展。幼儿园管理者要认识到，队伍建设是一项长期的系统工作，要根据师资队伍的实际状况和基本结构，以及本园的经费状况制定队伍发展规划与职业能力的培养计划，并要与幼儿园总体发展目标一致。

1. 制订保教人员继续教育发展计划

刚刚走上工作岗位的幼儿教师大多接受过正规的职前训练，初步具备幼儿教师的职业能力，能承担日常的幼儿教育教学工作。但随着时间的推移、幼儿教育理念和教育内容的不断更新，作为幼儿教师也要不断地更新知识结构和保教理念，否则将难以胜任新时期的保教任务。因此，对在职的保教人员进行继续教育是幼儿园教育质量得以不断提高的重要保证。近年来，幼儿园的师资流动性日益增大，保教队伍的年龄结构日益年轻化，对年轻的幼师进行业务培训和继续教育显得更加重要。

在制订计划时要考虑两个方面的因素，确保其科学、合理：第一，处理好当前工作与长远利益之间的关系。园长应从幼儿园可持续发展的角度出发，处理好保教队伍发展的长远规划与当前工作任务的关系，并根据每学期各阶段的工作任务采取切实可行的措施，统筹安排人力、物力和财力，利用现有条件，从实际出发，制订培训计划。第二，处理好一般与重点的关系。在制订计划时，应考虑各类人员的常规培训，也应考虑各类人员的不同情况，有计划地采取相应措施予以提高，同时也应重点注意年轻师资的培训。如对有一定经验且基本胜任岗位工作但未达规定学历的教师，应对工作任务进行统筹，安排轮训；对老教师和骨干力量要委以重任，以老带新，发挥骨干的作用；对刚刚入职的年轻教师，要在工作中有意识地给他们提供锻炼的机会，使他们尽快成长。

2. 采取形式多样的在岗培训方式

在岗培训是幼儿教师成长的最好途径，各级各类的幼儿园在这方面都积累了丰富的成功经验。但各幼儿园也不宜机械模仿，应根据幼儿园保教工作实际和师资状况，因地制宜地采取合适的培训形式开展在岗培训。一般而言，培训方式有如下五种。

第一，教学教研。教学教研活动是保教人员业务水平提高的有效途径之一，也是保教人员业务培训的重要手段。教研活动可以根据任务不同分成各种类型，有以教育理论研讨为主的活动，有以教法研讨为主的活动，有以集体备课为主的活动，有以经验交流为主的活动，或者以创设环境开展游戏为主的研讨活动。教研活动一般以教研组或备课组为单位开展研究活动，也可以以地区教研联组为单位进行教研活动，相互沟通，取长补短，共同进步。

第二，专题研讨。针对本园保教工作中的实际问题，聘请专家到园进行专题讲座，与幼儿园的教师进行研讨交流，促进教师观念的转变，为解决实际问题提供理论和方法的指导。例如，以如何将教养目标分解到一日生活常规之中为主题进行研讨，专家和园所的教师们肯定会有不同的见解。就此问题专家可以从理论上以讲座的方式进行分析，然后就具体细节与保教人员进行探讨，可能会找到一条适合本园的特色之路。或者幼儿园的保教人员就某一问题积累了相当多的感性素材，准备就某一问题进行相关研究，但由于理论知识的欠缺，可以请这方面的专家进行专题讲座，从而扫除理论障碍，同时，保教人员的理论水平也得到了提高，业务水平得以提升。

第三，观摩学习。外出观摩学习对保教人员的业务进修有很大的促进作用，特别是到办园水平较高、办园有特色的幼儿园进行观摩学习，对本园教师的业务提高有十分明显的效果。一般而言，幼儿园可以根据园所的工作安排，将保教人员的时间和任务做好调配，组织一些骨干教师外出学习观摩。观摩学习应带有一定的目的，有时以观摩园所的环境布置为主，有时以观摩游戏活动的开展为主，有时以幼教理念的转变或学习为主。外出观摩回园后应及时地进行反思和总结，对好的经验加以改进，使之符合本园的实际，为本园所用。长此以往，幼儿园的师资素质会得到极大提高。

第四，自学与进修。身处信息时代的教师应当不断汲取新知识充实自己，以适应教育改革的需要。作为园领导应鼓励保教人员自学，提高业务素养，或有计划地安排保教人员以脱产或半脱产的方式外出进修学习，让他们全面系统地学习有关幼教理论、方法和技能以及必要的文化科学知识，以适应幼教新形势的需要。

第五，互助与竞争。以新老教师结对子的方式，开展互帮互学的活动；通过引进竞争机制，开展互评互学的活动，这些方式可以帮助新教师尽快熟悉教学常规，减少摸索的过程，快速进入角色，胜任保教工作。竞争机制可以促进教师之间相互学习，奋发向上，激发保教人员的工作热情，努力提升保教水平。

四、形成科学程序，构建合理结构

对师资队伍进行管理应遵循人力资源管理与开发的一般规律，形成具有本园特色的科学程序，构建合理的师资结构，使保教队伍高效地工作，为园所的发展充分发挥潜力。

1. 形成队伍管理的科学程序

根据人力资源管理与开发的一般规律和幼儿园的人力资源构成情况，建立幼儿园的人力资源管理系统，并形成科学合理的运行程序。一般的运行程序由四个环节构成，即规划、任用、培养和评价。

第一，规划：在分析师资状况的基础上，对本园保教人员和各级各类保教人员的需求状况作出合理的预测，根据幼儿园未来的发展规划，制定本园的人员培训与队伍建设的规划，明确目标与要求，并提出具体的落实措施。

第二，任用：在掌握保教队伍基本情况的条件下，尽可能科学合理地选用和安排保教人员，通过建立各种规章制度和各岗位的职责要求，使人尽其才。保教人员在各自的岗位上充分发挥其工作潜力，完成幼儿园的各项工作任务。

第三，培养：任用与培养是紧密相连的。作为幼儿园的管理者应采取形式多样的措施和办法对保教人员进行业务培训，提高其业务水平，同时建立一定的激励机制，充分调动保教人员的工作积极性，充分利用现有的和预期的人力资源，建设一支结构良好、团结奋进的保教队伍。

第四，评价：考核评价是队伍管理和队伍建设的重要内容和环节。在实际工作中，一般从工作态度、业务能力、出勤状况、工作实绩以及人员进修和队伍培训等几方面对保教人员进行考评。为了充分发挥考评考核的功能，达到管理师资队伍的目标，以下内容必须引起管理者的注意。首先，考核评价的标准必须根据实际情况和各类人员的不同职责来确定，因此考核标准不能整齐划一，应因人而异，因地制宜，以确保考评具有一定的信度和效度。其次，过程评价与结果评价相结合。注意平时工作中的考核，注意工作的过程，同时结合客观公正的定期考核结果，给被评价者一个科学客观的评价考核，以利于工作的开展。最后，建立一定的考评制度。工作中先有制度，再依制度定标准，依标准进行考评，并且对考评的时间周期作出规定，将定期考评与不定期考评结合起来，杜绝作秀现象发生。对考核结果予以公布，并据此奖优罚劣，重要的指标可以作为评聘任用或晋级提升等人事决策的依据。

一些幼儿园对保教人员的实际操作能力以及常规活动情况进行经常性的检查，检查时形成了一些比较实用的表册，具有一定的可操作性。

2. 构建科学合理的师资结构

根据幼儿园实际情况，管理者应通过补充新师资、对保教人员进行在职培训等方式构建科学合理的师资结构，具体而言，可以从以下三方面开展工作。

第一，思想建设。以塑造师德师风为中心进行在职员工的思想建设，弘扬崇高的师德，优化保教队伍。

第二，优化结构。开展以优化师资结构为中心的名师建设，形成合理的师资结构。首先，开展对骨干教师的培养工作。成立由园长领衔的园骨干教师培养工作小组，制定培养计划、措施，形成奖励方法，使在实践中有工作成效的教师脱颖而出。其次，加强对青年教师的培训工作。园领导应关心青年教师的成长，通过分层带教、分层培训、强化训练等形式，促进青年教师成熟发展。再次，提高学历层次。幼儿园鼓励中青年教师参加高一层次的学历进修，力求幼儿园师资尽快达标。最后，建立师资结构系统。根据师生比和师资的配备，管理者应通过各种途径，形成师资队伍在年龄结构、学历结构以及职称结构等方面的科学比例。

第三，业务培训。立足自培，对在职保教人员进行业务培训，提高保教人员的业务素质。

第二节 幼儿园教学管理创新与环境创设

幼儿教育对幼儿的人生发展具有重要的影响。幼儿时期是儿童快速学习和发展的关键阶段，学龄前儿童身心发展不成熟，安全意识不足，对事物的认识不够全面，需要家长与教师的正确引导。幼师与幼儿在幼儿园中每天相处，幼儿园加强教学管理工作十分重要。幼儿园不仅要对幼儿负责，同时还要监督幼儿教师，完善幼儿园管理体制，使幼儿园在健康良好的环境下发展。目前幼儿园教学管理中仍然存在一些问题，主要包括安全隐患、教育人员责任心不强、管理不够规范等，亟待加强改进。因此，有必要探索创新幼儿园教学管理的有效策略，以促进幼儿园教学管理持续发展。

一、幼儿园教学管理创新措施

1. 合理设置课程

幼儿园要有自身的培养理念，不能因为其他人的要求转变教育方式。因为幼儿教育是其学习生涯的初始阶段，是为今后的学校生活奠定基础。在进行幼儿教育教学的过程中，需要根据其年龄特点进行教学活动，不能因为家长的要求转变教育方式，因为家长毕竟不是专业的教育者，所以其提供的意见不一定准确。幼儿园可以选取其中有意义的内容进行自我改进，但不一定全部采纳。在开展教育的过程中，要根据幼儿身心发展的需求进行课程的设置，使幼儿的认知兴趣被全面带动。教师要尽量和每个幼儿进行沟通，及时掌握他们的需求，在这一过程中，不能过于急躁，要对幼儿有更多的包容。

2. 转变幼儿园管理方式

要想转变幼儿园的教育方式，需要教育部的支持，使幼儿园的管理模式逐步更新。管理者要正确掌握特色教育的含义，进行相关教育活动时要根据幼儿的特点进行。幼儿园要掌握特色教育的内涵，根据自身的特色进行相关的教育活动，正确使用社会力量，展开形式更多的教育工作，根据幼儿的情况进行教育活动。

3. 多方面发展各项教育

在进行教育的过程中，不仅要注重智力教育，其他能力的教育同样重要，例如，动手能力、德育能力等。在进行教育的过程中，不能只是重视某一方面，要使其各方面共同发展。通过全面的培养使幼儿无论是在生活中，还是在学习上都具备更加全面的能力，并注重时间观念和劳动观念的培养。通过家长的配合使幼儿可以多方面发展。

4. 注重体能的培养

在我国的相关规定中，对幼儿户外锻炼的时间进行了明确的规定，幼儿园需要按照相关规定严格执行。户外活动是幼儿生活中必不可少的一个步骤，也是增加幼儿体力重要的方式之一，对其身心发展有很大的好处。通过户外锻炼可以有效地提高幼儿身体和心理的全方面发展，并且可以锻炼幼儿的情感和对外界的观察能力，使其更有自信。

二、幼儿园教学环境创设

"所谓教育，是由教与育共同结合而成的。为了确保幼儿在参与教学的过程中能得到良好的培养，教师应重视环境对幼儿成长与发展所造成的积极影响。"①

（一）幼儿园环境创设的宗旨

幼儿园的环境包含了室内环境和室外环境，幼儿每天生活其中，不同的环境对幼儿发展的影响也不相同，幼儿园环境创设的宗旨应关注幼儿的全面发展。

1. 环境对幼儿认知发展的影响

幼儿园的环境强调其教育价值，幼儿置身其中，在环境中不断地发展意识、感知、语言、思维、注意等认知水平。

（1）自我意识。幼儿入园后会拥有自己的水杯、毛巾、座椅等个人物品，并会有各自的存储空间，以幼儿的照片、喜爱的图片或是名字作为区分。另外在幼儿园中不同年龄阶段提供的桌椅尺寸、体育器械、操作材料也会不同，目的是满足不同幼儿的需要，提供适宜的挑战，让幼儿获得胜任感，促进幼儿自我意识的发展。

（2）对外在世界的感知。幼儿需要了解他所生活的世界。幼儿园的植物角、动物角，可以让幼儿了解动植物的生长；科学室可以让幼儿体验各种科学实验；活动室中的区角设置从不同领域促进幼儿的认知发展，如益智区、阅读区等。

（3）逻辑思维能力。班级区域中的益智区、幼儿园中的科学启蒙室，能通过操作材料

①杨金萍. 幼儿园环境创设教学探究与实践［J］. 中外交流，2021，28（2）：15-32.

的提供，促进幼儿数概念的形成与发展，理解数的守恒等逻辑关系，从而促进逻辑思维能力的发展。

（4）语言表达。幼儿语言的发展需要有互动交往、倾听表达的环境刺激。幼儿园中的角色游戏区，让幼儿在体验角色游戏的同时，获得语言交往的机会。在角色游戏中，幼儿需要运用口头语言和肢体语言。幼儿之间也通过互动交往，学会表达建议、认同或协商。阅读区和阅览室的设置，也为幼儿从口头语言向书面语言过渡提供支持性的环境。

（5）注意力。幼儿在操作材料的过程中，为兴趣所吸引，专注于自己的“工作”；在阅读区域，专注于喜欢的书籍的阅读：这些有助于幼儿注意力的发展。教师提供的不同层次的操作材料，更能让幼儿在体验成功的过程中，不断挑战自己，获得满足感。

2. 环境对幼儿动作发展的影响

动作发展是由神经中枢、神经、肌肉协调控制的身体动作的发展，幼儿只有在相应的条件下才能让动作技能发展成熟。幼儿身体柔软，容易学习，加之他们喜欢模仿，喜欢不厌其烦地重复同一个动作，也不怕失败和别人的嘲笑，因而只要有合适的条件，幼儿可以获得许多技能。幼儿园大型的户外体育设施，如滑梯、攀爬区域等，以及各种丰富的体育器械，如小篮球、平衡木等，能促进幼儿各个身体部位动作的发展。各种室内、室外运动场所的提供，也能满足幼儿的体能发展。对一些动作发展水平滞后的幼儿，室内的感统活动室，可以有针对性地帮助幼儿解决感统失调等动作发展方面的问题。

3. 环境对幼儿审美能力的影响

幼儿园的区域和功能室的设置均指向五大领域，这其中就包含了艺术。通过音乐室、美术室，各个活动室中的表演区、美工区的设置，发展幼儿的审美能力。幼儿园整体的环境创设，对生活于其中的幼儿而言，本身就是一种美的熏陶。创设“美”的环境，有利于引导幼儿发现美、欣赏美，从而学会创造美。在艺术环境中，激发幼儿的创造性是核心理念，提供能让幼儿充分想象、创造的机会有助于幼儿创造性的发展。

环境对幼儿的发展的影响可谓无处不在，所以不能将环境仅仅视为“摆设”或“装饰”，如何发挥环境的影响力，是亟待解决的问题。

4. 环境对幼儿社会性发展的影响

社会性发展中最重要的是交往能力。幼儿园中的角色游戏区，提供了幼儿自由交往的空间，让幼儿发展社会交往能力。例如：在超市的角色游戏中，幼儿通过扮演顾客与收银员交流，获得新的语言体验；在小班的“娃娃家”角色游戏中，幼儿通过体验家庭成员和客人角色，积累日常生活中的交往礼仪。在角色游戏中，幼儿要解决人际纠纷，使幼儿从

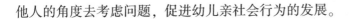

他人的角度去考虑问题，促进幼儿亲社会行为的发展。

（二）幼儿园环境创设的教育价值

第一，有利于幼儿的自我探究。探究是儿童与生俱来的一种本能。幼儿求知欲强，对外界世界充满了好奇，他们喜欢在自己生活的环境中走一走、看一看、摸一摸，还喜欢动手做一做。幼儿园的环境不仅提供给幼儿生活所需，还提供了幼儿探究的机会和材料。幼儿可以在种植园里观察种子发芽，呵护植物的生长，还可以体验收获的喜悦。区角活动中幼儿可以运用自己的双手探究各种材料，学会建构，学会比较与分析。总之，幼儿园的环境能激发幼儿探究的兴趣，满足学习的愿望，提供更多自由发挥和学习的空间。

第二，有利于幼儿的自我表现。幼儿园的环境也是幼儿自我表现的一个途径，是幼儿可以参与创设、有发言权的环境。如美术活动后，教师把幼儿的作品展示出来，为幼儿提供了自我展示的平台；幼儿园的小舞台、图书角等区域，都为幼儿提供了表演的机会，幼儿可以尽情发挥、自由表达。环境和幼儿之间发生互动，环境在影响幼儿、促进幼儿发展的同时，幼儿也可以和教师一起完善环境。

第三，有利于实施综合教育。幼儿园无论室外还是室内的环境，无论哪一个区角的环境，都包含了丰富的教育内容。幼儿在与环境的接触中，感受着艺术美，学习着语言技巧，体验着科学发现的奥妙。幼儿在接受环境熏陶的同时，也在增长着智慧。环境就像一位不说话的教师，默默地发挥着教育作用。

除以上所谈的教育价值外，幼儿园环境还起到了美化生活、愉悦身心的作用。幼儿园作为专门的启蒙教育机构，与其他教育机构有很大的不同，其物质文化环境充满了童趣，幼儿园墙面上的精彩图画让幼儿流连忘返，各种手工作品显示出了师生的心灵手巧，这些都带给人美的享受。同时，幼儿园和谐的心理文化环境和深厚的组织文化环境，让幼儿体验着人际交往的美好，体验着生活的多姿多彩。作为一种“隐性教育课程”，幼儿园环境是一种有准备的环境，提供了幼儿快乐、健康成长的空间。

（三）幼儿园环境创设应遵循的原则

环境对幼儿的身心发展具有重要的作用。幼儿的身心发展具有一定的顺序性和阶段性，可塑性极强。在创设幼儿园空间环境时，应遵循以下八项基本原则。

1．遵循安全性原则

安全性原则是幼儿园环境创设中第一位也是最基本的原则。幼儿由于年龄小，缺乏必要的知识和经验，生活能力和自我保护能力较弱，所以在环境布置时，一定要把安全放在第一位。

幼儿安全包括幼儿身体安全和幼儿心理安全。幼儿身体安全，即应注意消除环境中明显或潜在的会对幼儿身体产生伤害的因素；幼儿心理安全，即要让幼儿感到处于充满关爱、快乐的环境之中。在创设幼儿园环境时，我们必须考虑到这两个方面。

幼儿园应该有一个让幼儿感到安全、能融入其中的环境氛围，并且不能让幼儿遭受任何物质的和心理的伤害，环境中的物品不会对幼儿造成人身伤害，环境中的他人也不会对幼儿造成身体或心理伤害。在这个环境中，幼儿可以快乐地生活和学习。

贯彻安全性原则应做到：创设规范的物质环境。幼儿园环境创设首先离不开物质条件。物质环境是开展幼儿园教育工作的必要前提，是保障幼儿身心安全的重要基础。幼儿园物质环境主要是指幼儿园内影响幼儿身心发展的物化形态的各种条件，包括园舍建筑、设施设备、活动场地、活动器材、教具玩具、图书及声像资料、空间布局与装饰、绿化与美化等。

幼儿园中通常会有很多大型器械，为了让类似的运动器械对幼儿而言更加安全，应该做到：严格按照国家相关规定建设幼儿园。幼儿园的选址、园舍建筑（如建筑楼高、楼梯踏步规格等)、活动场地面积、相应的设施设备（如教具玩具的种类、数量和规格）等，都应按照国家相关规定进行规范布局和合理配置。

加强幼儿园安全管理，明确幼儿园安全责任。幼儿园应加强安全意识教育和安全责任管理，开展安全教育活动。幼儿园要对教职员工进行定期培训，增强其安全意识及安全防范能力。全体教职员工要时时、处处把安全工作放在首位。平时应结合各项活动，教育幼儿不要接近危险的物品，如插座、电线等，以免发生意外事故，导致幼儿身心受损。

定期排查并及时消除幼儿园安全隐患。幼儿园房舍、场地及其设施设备要进行定期检修，排除安全隐患。另外，过尖的铅笔、位置过低的电源开关、过硬的地面、过挤的楼梯……这些都可能成为安全隐患，如果马虎大意，后果将不堪设想。

关注幼儿的心理安全，创设良好的幼儿园精神环境。要保证幼儿的心理安全，仅注重物质环境是不够的，还要创设良好的精神环境。幼儿园精神环境主要指由人际关系、文化观念等无形的因素交织在一起而形成的心理氛围。其中，人际关系是幼儿园精神环境的决定性因素。幼儿园人际关系包括：师幼关系、同伴关系、干群关系、同事关系、家园关系等。幼儿园精神环境的核心是师幼关系，关键角色是教师。

我们应该看到，如果幼儿能获得较多的关爱，感受到较多美好、友爱、温暖、鼓励，就更容易形成积极的个性特征，从而获得良好的交往技能，形成良好的个性心理品质。因此，创设幼儿园精神环境的重要性是毋庸置疑的。

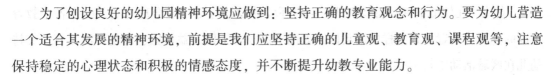

为了创设良好的幼儿园精神环境应做到：坚持正确的教育观念和行为。要为幼儿营造一个适合其发展的精神环境，前提是我们应坚持正确的儿童观、教育观、课程观等，注意保持稳定的心理状态和积极的情感态度，并不断提升幼教专业能力。

多尊重、多关注、多接纳、多支持。多尊重，即教师应尊重幼儿，包括幼儿的生理特点、心理特点和个性特点。例如，为了展示教学成果，教师在教室或走廊展示幼儿的手工作品、书法，但幼儿的作品水平势必参差不齐，有些教师在展示作品时，挑拣好的、优秀的作品展示，不好的就不展示。其实，教师应尊重幼儿的成果，尽量从优到良展示出所有的作品，作评价时，教师应总结每个幼儿的作品的亮点，让每个幼儿都有成就感。多关注，即教师应注意到每一个幼儿在幼儿园一天活动中各个环节的表现、发展的过程和结果，并提供必要的、及时的帮助，用适当的眼神、微笑、拥抱、问候、交谈等方式来传递教师对幼儿的关心和爱。多接纳，即教师应以公平公正的态度、宽容博爱的情怀来真诚对待每一个幼儿，应正视幼儿的个体差异及行为表现，即使幼儿淘气、捣蛋，有“错误”的表现，教师也应该用正面教育的方式解决“问题”、矫正“错误”。教师对幼儿应多一些肯定、信任、赏识，少一些否定、质疑和讥讽。多支持，即教师应多支持并满足幼儿的合理需求。在教学及开展活动的过程中，除了提供各种材料以支持幼儿的活动需要外，更重要的是对幼儿在进行活动的过程中表现出来的天性，如好奇、好玩、好动、探索、愿望、幻想、创造等，采取积极的态度和行为给予回应和帮助。

除了多尊重、多关注、多接纳、多支持，教师还应该注意幼儿的自主性和鼓励幼儿取得成功。自主，即教师应为幼儿营造宽松自由的氛围，引导幼儿自主学习和自我管理，以激发幼儿的创造潜能。在活动中，教师应真正做到让幼儿有自主选择权，将“要我学”转变为“我要学”，促使幼儿真正成为学习的主人；成功，即教师应善于及时发现幼儿的进步并给予积极回应，评价幼儿时多拿幼儿与他自己比较，少在幼儿之间进行比较，让每一个幼儿都感受到自己点滴的进步和成功的喜悦，并逐渐树立自信，进而促进幼儿得到最大程度的全面发展。

2. 遵循丰富适宜原则

幼儿通过见到的一切来认识这个世界，幼儿园环境创设应丰富多彩，为全体幼儿提供足够的、合理的、可供幼儿获取丰富信息的、适宜幼儿身心发展水平并具有多重教育价值的环境条件，满足幼儿对世界探究的心理需求。贯彻丰富适宜原则应做到以下两方面。

（1）环境类型要做到丰富适宜。幼儿园室外、室内活动场地多样化。例如，室外环境应设计有适合幼儿活动的平整的硬化场地、软质场地（草地、塑胶地等）、绿化区、玩具区、沙池或种植区等，提供各种游戏活动设施（滑梯、秋千、跷跷板、攀爬架、平衡木等），支持幼儿体能锻炼和游戏活动；室内环境的设计应尽可能合理规划，配合各个教育主题的开展，布置各式各样的活动区，如图书区、美工区、益智区、角色扮演区等，支持幼儿在区域活动中自主探索学习。

注意：室外、室内环境的设计不是孤立的，而是有效结合的。室外、室内环境的合理设计与安排能使教育主题活动的范围、广度和深度得以延展，从而有利于提升主题教学的价值，促进幼儿多元化发展。

（2）环境材料要做到丰富适宜。首先，活动材料数量应充足，投放适宜。材料有限的情况下，可考虑将幼儿分成小组进行游戏。小班、中班和大班的活动材料应有所区分，可以按照幼儿的年龄、接受程度进行投放。其次，材料应丰富。塑料瓶、纸袋、纸筒、废布头等，这些生活中常见的旧物，经过构思和设计，都可以变成精美的手工艺品。幼儿在对材料的操作过程中能体验乐趣，陶冶情操。

3. 遵循全面性原则

幼儿园环境创设是一个整体，只有做到全面设计与安排，才能有效地促进幼儿全面发展。

全面性原则是指幼儿园环境要从整体上进行全盘设计和安排。幼儿园应为幼儿创设最基本的环境以满足幼儿活动的最基本需要，如创设生活活动环境（盥洗、进餐等）、游戏活动环境（室外、室内各类游戏）以及教学活动环境（集体教学、区域活动）等；提供各种活动的必要设施和条件，使幼儿在幼儿园一天的活动获得基本保证并有序进行。

需要注意的是，幼儿园应结合幼儿身心特点的共性与个性，既要面向全体幼儿又要照顾幼儿的个体差异，考虑不同幼儿对环境的特殊需求，创设专门的环境条件。如小班、中班、大班幼儿年龄、个性及认知水平等方面各有不同：小班幼儿动手能力较差，在他们生活的空间里可以布置一些美观的小型艺术品；中、大班幼儿动手动脑能力较强，可以在他们活动的空间里多布置一些半成品。当他们对这些半成品表现出浓厚的兴趣并试图完善半成品的时候，正是其在发挥创造力和想象力的时候。贯彻全面性原则应做到以下三个方面。

第一，幼儿园环境创设要着眼于促进幼儿的全面和谐发展。凡是幼儿发展需要、教育目标涉及的领域，就应有相应的环境予以支持，如幼儿身体发展、认知发展、社会性发展等各个方面。多样化的环境有利于幼儿各种经验的积累，也有利于幼儿各种能力的锻炼。教师对环境创设的构思应是整体的、全面的、有目的的、有计划的，教师还应根据环境空间条件、教育动态变化等因素对环境进行及时调适。

第二，环境创设应该统筹规划和合理布局，先规划后建设，建成后布置。环境创设的

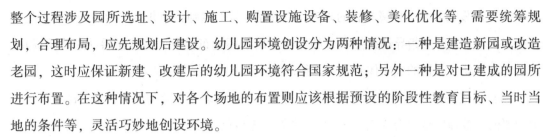

整个过程涉及园所选址、设计、施工、购置设施设备、装修、美化优化等，需要统筹规划，合理布局，应先规划后建设。幼儿园环境创设分为两种情况：一种是建造新园或改造老园，这时应保证新建、改建后的幼儿园环境符合国家规范；另外一种是对已建成的园所进行布置。在这种情况下，对各个场地的布置则应该根据预设的阶段性教育目标、当时当地的条件等，灵活巧妙地创设环境。

第三，环境创设要重视保育环境与教育环境的有机结合。保育和教育是幼儿园的重心，保教结合是幼儿园教育的基本原则，在幼儿园环境创设中也是如此。幼儿因为年龄尚小，生活活动在他们一天的活动中占据着重要的位置。

4. 遵循动态发展性原则

幼儿园环境创设是动态发展的，并非一成不变。要根据幼儿的近期兴趣、发展需要、能力水平以及教育内容的不断深入、主题的更换、季节或节日的变化等实际情况，有的放矢地变换和调适环境，让环境更好地促进幼儿的成长。例如，在六一儿童节、春节、元旦等不同的节日中，教师可以带领幼儿制作各种手工艺品，如在六一儿童节制作袜偶作为礼物，在春节制作春联、拉花等，这样既让幼儿认识了不同的节日，又锻炼了他们动手操作的能力，其作品也可以将教室装扮一新。

5. 遵循主体参与原则

幼儿是学习的主体，他们是幼儿园的主人翁。幼儿园环境创设是教师和幼儿共同参与的过程。要发挥环境创设促进幼儿身心发展的作用，只有充分调动幼儿的主观能动性，使其积极地动手操作，获得真实感受，才能起到实效。同时，要让幼儿喜欢周围的环境，最好的方法莫过于让幼儿真正参与环境创设。幼儿真正参与环境创设，获得实际体验的作用远胜于教师创设的现成环境。对其产生的影响实践证明：幼儿参与的环境布置对其自身存在巨大的吸引力，在环境创设过程中，他们不仅可以全身心投入，还可以体验成功的喜悦，同时，幼儿的责任感、自信心、成就感等良好的心理品质也得以逐步形成。

贯彻主体参与原则应从以下四方面着手。

（1）树立正确的幼儿观、教育观和环境观。我们应树立正确的幼儿观、教育观和环境观，并且要牢记：幼儿是环境的主人，幼儿对环境创设有发言权，幼儿能通过参与环境创设而获得多方面发展。教师可以引导，但是不要完全按照自己的喜好进行环境创设。

（2）为幼儿提供参与环境创设的机会。教师应多为幼儿提供参与环境创设的机会，适当让他们做主。不同年龄阶段的幼儿参与环境布置活动的程度可以不同，但每个年龄段的幼儿均应得到参与环境创设的机会。

（3）激发幼儿参与环境布置的兴趣。兴趣是最好的老师，幼儿参与活动的原动力是他产生了兴趣。教师应指导幼儿把自身的经验运用于环境布置中，使其在活动中体验成功、获得肯定，幼儿获得的成功体验越多，他们对环境布置和参与的兴趣就越浓。

（4）正确评价幼儿参与环境创设的行为和结果。对幼儿和教师而言，最后的评价是至关重要的。教师应是“合作者”和“欣赏者”等角色。教师要关注幼儿在环境创设中的探究和操作过程，关注幼儿的需求和发展水平等，从而引导幼儿的发展向更高层次递进。如果教师敷衍了事，幼儿就会渐渐地对环境创设失去兴趣。

6. 遵循教育性原则

幼儿园环境要为幼儿教育服务，环境创设应有明确的教育目的。幼儿园环境的创设不单要考虑幼儿和家长的喜好，更应在国家教育方针和幼儿园办园宗旨的指引下，有目的、有计划地针对幼儿身心发展的特点来创设环境。环境中的所有设施和材料，都应有合理的设计和配置，并具有教育价值，以达到促进幼儿健康发展的目的。

幼儿园环境的创设，要用教育的、发展的眼光来加以实践和研究。幼儿园环境中的每一处角落、每一个因素都应蕴含着教育价值。我们不仅要注重整体环境的美感，更应充分挖掘环境中的教育资源，将各种条件合理组合并加以优化，把教育意图渗透在环境之中，让幼儿园环境处处发挥教育的功能。

7. 遵循审美性原则

在环境创设过程中，环境的总体布局、物品及装饰既要符合艺术审美，又要符合幼儿的审美需求；既能给人以温馨、舒适、美好的享受，又能激发幼儿从环境创设中感受美、体验美、创造美。贯彻审美性原则应从以下三个方面着手。

（1）重视幼儿园环境创设的色彩美。幼儿园环境创设在色彩上应给幼儿美的享受，具体要求有以下几点：①色与光的协调。幼儿园的室内应是明亮整洁的，这需要让环境空间中的光照和色彩变得协调起来。②背景色与物体色的协调。背景色以淡雅、单一或色彩渐变为宜，切忌过于花哨，应给其他物体布置和装饰留有色彩空间。③选择的色彩不宜过多，颜色过多会破坏环境的整体感。④多用幼儿喜欢的色彩。幼儿对色彩有明显偏好，大多数幼儿喜欢明亮度高的暖色，幼儿园空间环境适宜的主色彩为亮度高、纯度偏中的浅蓝、粉红、浅黄、浅紫等。

（2）重视幼儿园环境创设的内容美。幼儿园环境中的内容有很多题材，无论是动物、植物、人物，还是景物，其画面主题、情境或情节都应符合幼儿的生活经验、认知特点。例如，可爱的小兔子、大熊猫、小猴子、热带鱼、竹子，这些较容易被幼儿接受，更能引发幼儿的共鸣。

（3）重视幼儿园环境创设的造型美与构图美。幼儿园环境创设在造型上应符合幼儿的审美特点，可多采用卡通形象、动物等。

8. 遵循经济效用原则

幼儿园的经济效用原则是务必要考虑到的，幼儿园环境创设应考虑不同地区、不同条件园所的实际情况，做到因地制宜、合理安排，不攀比、不花哨。幼儿园环境创设是人力、物力、财力、精力等在幼儿教育上的投资。应充分认识到，作为教育投资，要力求以最小的投入发挥最佳的效用，实现教育功能最大化。贯彻经济效用原则应从以下三个方面着手。

（1）合理布局，发挥环境的综合功能。幼儿园环境创设要重视各类环境的相容性，即在规划环境时要考虑各类环境的特性，尽可能合理布局。例如，种植角应该距离水源近，方便取水。

（2）因地制宜，充分利用三维空间。任何环境创设都离不开实际环境条件。由于每所幼儿园的地形、地貌、建筑格局、总体设计等不尽相同，因此环境创设的处理手法就不能千篇一律。幼儿园室内外的地面、天花板和墙面，都可以作为环境创设的重头戏。①地面布置，包括室内外的地面涂画各种线、形、色、数字、字母、迷宫等。不过，大多数幼儿园在室内的地面仍选择了清一色的地板、瓷砖，以免地面布置过于花哨分散幼儿的注意力。②天花板布置，可在室内天花板吊挂各种兼具教育性和装饰性的物品，如节庆灯笼等。③墙面布置，可在室内外创设不同内容板块的主题墙（如幼儿作品展、家园联系栏、天气记录板等），欣赏经过布置的墙面变成了家长了解幼儿在幼儿园情况的最直观的方式。

（3）拓展思路，提高环境的使用效率。幼儿园环境在创设的同时就要考虑其安排及使用，应把环境使用与幼儿园活动环节紧密联系起来。

第三节　幼儿园教学环境的创意设计管理

教学环境对人的影响是潜移默化且持久深远的。作为幼儿生活、学习、游戏的场所，幼儿园必须将环境创设作为日常工作中的重要组成部分，通过良好、适宜环境的构建来促进幼儿教育的开展及幼儿的身心健康。幼儿园教学环境的创意设计管理涉及多个方面，以下仅探讨数学区域的环境创设、艺术领域的环境创设。

一、数学区域的环境创设

数学领域的环境创设是幼儿园开展数学教育活动的主要途径之一。“创设良好的数学区域环境和投放适宜的材料，对幼儿的数学学习起到很大作用，有助于培养幼儿主动学习数学的能力。”①

1. 数学环境创设的材料

数学环境创设的材料来源较为广泛，与幼儿生活密切相关的各种物品都可以选用。它们可以放在幼儿生活的各个区域，让幼儿周围的环境变得更加丰富，更加立体，还能让幼儿在自然、轻松的状态中发展认知能力。

2. 数学环境应具有可操作性

在数学环境的创设中，提供给幼儿的材料不但要丰富，而且操作性要强，这样既有利于幼儿发现操作目标，又能满足幼儿不同层次的需要。一些游戏，如中班的“按数取物”“比大小”，大班的“加减计算”等，也可以开展小组活动，复习巩固“数的概念”等，既可以单人玩，也可以多人玩，这样丰富的、可操作性的游戏为幼儿积极有兴趣地学习数学提供了充分保障。

在进行数学环境创设的时候，既要根据数学教育内容的要求和幼儿思维发展的特点创设环境，又要体现环境中材料的投放由简单到复杂的循序渐进性，使每个幼儿都能在与环境的互动中真正做到自我发现、自由探索、自我发展。不同年龄段的幼儿对图形的认识是不一样的：小班幼儿能正确认识圆形、正方形和三角形，但他们不是从这些形状的特征来认识的，而是将它们和自己日常生活中熟悉的物体相对照而认识的，所以有的幼儿会把圆形说成“太阳”，把三角形说成“小旗”；中班幼儿能正确认识的平面图形更多，如长方形、椭圆形、梯形、菱形等，而且能理解平面图形的基本特征（角和边的特征），并根据特征比较不同的图形；大班幼儿已能够理解一种图形的典型特征，并在头脑中形成某种图形的“标准样式”，从而能根据图形的特征进行正确判断，大班幼儿还开始认识一些基本的几何体，能说出其正确名称并知道其基本特征。

3. 数学区角活动

数学区角活动是指在幼儿的活动室或其他活动场所，开辟一个专门的数学学习区域，提供丰富多样的数学材料和教具，幼儿在其中可以自由选择内容并进行探索，进行数学学习。从建构主义学习理论来看，幼儿主动建构自己的认知结构，关键在于教育者和幼儿之

①左莲玉. 浅谈幼儿园数学区的环境创设与材料投放策略［J］. 幼儿教育研究，2016（4）：8.

间的相互作用，这个作用除了直接的“教”之外，还可以通过中介或人际环境或物质环境来启发幼儿教师把教育意图客体化为一个富有教育性的环境，通过人或物调控教育过程，使幼儿在与材料的相互作用中，获得有关数学的经验。数学区角活动的主要特点有以下四个方面。

第一，教师在区角中投放丰富多样的数学材料和教具，幼儿自己选择活动内容和材料。

第二，区角活动没有具体的活动计划和要求，但是服从于幼儿数学教育的总目标。

第三，教师以间接指导为主，幼儿主要在与材料的相互作用中学习，教师观察幼儿的活动，必要时提供语言和材料上的帮助。

第四，幼儿个人或几人结伴在一起活动，数学区角活动是幼儿的自主活动，有助于培养幼儿对数学活动的兴趣，能满足幼儿主动探究的愿望。幼儿在轻松愉快的环境中做一做、玩一玩，能更多地体验学习数学的乐趣。数学区角是教师创设的一个典型的数学环境，幼儿接触的是以数学信息为主的材料，这样，幼儿就多了一个获取数学知识的途径，在与材料相互作用的过程中建构数学知识，从而获取丰富的数学经验。数学区角活动能充分发挥幼儿的自主性和创造性，在数学教学活动中，虽然幼儿也进行操作，但一般是在教师的统一要求下进行的操作，操作时间也比较短。在数学区角活动中，幼儿能充分探索，从而最大限度地发展幼儿的思维和动手操作能力。数学区角活动有利于照顾到幼儿的个体差异。幼儿的数学学习个体差异较大。数学区角活动为幼儿提供了按照他们自己的兴趣和能力学习的机会，使其能按照自己的学习方式、速度学习，从而使其在原有基础上获得发展。

二、艺术领域的环境创设

教师要提供多渠道参与的艺术教学环境，让幼儿充分感知和理解美，还可以创设生活情境来表现美。

（一）美术活动区角

美术活动区角也称美术角，是幼儿园常见的艺术活动形式，教师的作用主要是创设条件，为幼儿提供一个美术作品欣赏和美术创作的场所。在这个区角内，幼儿可以按照自己的意愿和兴趣来大胆地表现自己的情感和体验，初步展示自己的才能，并享受自由表达和创作活动的快乐，获得精神上的满足。

1. 区角布局

美术活动比较安静，该区角布局可以与图书区、益智区等毗邻。美术活动区角应设置在光线充足、靠近水源的地方：光线充足，有利于幼儿观察和创作，保护视力；靠近水源，则方便幼儿洗手、清洗画笔、清洁桌面和地板。

一般美术活动区角可容纳数人，教师可根据本班幼儿的需要和场所的许可来设计和布置，也可以根据本班幼儿对美术活动的兴趣及活动材料等情况来综合考虑。

如果幼儿园有较大的活动空间，且对美术感兴趣的幼儿人数较多，幼儿园就可以根据幼儿的兴趣和活动的需要设置成专门的绘画活动室，可以将绘画活动室分隔成国画区、水粉画区、版画区等；还可以设置专门的手工活动室，并将其分隔成折纸区、粘贴区、剪纸区等；也可设置成综合美术室，再将其分隔成欣赏区、绘画区、手工区等。

2. 区角材料准备

幼儿的美术活动是一种操作活动，离不开对多种美术工具和材料的使用。幼儿通过操作、探索和使用各种工具材料，运用不同的技法表现自己独特的思想和感受，体验美术创作的快乐。教师需要指导幼儿利用身边的物品或废旧材料制作玩具、手工艺品等来美化自己的生活或开展其他活动，激发他们表现美、创造美的情趣。因此，教师在美术活动区角内应为幼儿提供丰富多样的工具和材料，同样，也可以发动幼儿和家长一起收集。

教师为美术活动区角准备的材料主要有欣赏类、绘画类和手工类三种。

（1）欣赏类。在作品欣赏区角中，可以提供成人的美术作品、工艺美术作品、少儿影视或出版物中的形象、外形美观色彩鲜艳的玩具、雕塑作品、儿童美术作品等。这些作品应是幼儿容易理解而又喜欢的，让幼儿欣赏和感受其形式美和内容美，从而丰富幼儿的美感经验，培养其审美情感和评价能力。

（2）绘画类。绘画类材料包括各种纸、笔及其他用于绘画的工具和材料。

第一，纸张。纸张有不同大小、类别、形状、颜色、质地，如铅画纸、宣纸、卡纸、瓦楞纸、棉纸、皱纹纸、包装纸、吹塑纸等。需要注意的是，每次不要提供太多品种，以免幼儿面对太多选择无所适从，造成不必要的浪费。

第二，笔。各种类型的笔，有蜡笔、油画棒、水彩笔、彩色粉笔、水粉笔、排笔、毛笔等，以及各种不同长度、形状、粗细的画笔，还有彩色铅笔、中性笔、钢笔等。幼儿在绘画初期的兴趣往往来自对彩色笔的兴趣和关注，这也是他们发展色彩视觉的重要途径，因此，对水彩笔、油画棒、彩色铅笔这些彩色笔，教师要注意选用那些色彩鲜艳、性能稳定的品种。选择水彩笔及其墨水的时候，应选择水溶性品种，且彩笔的套子能盖紧，这样墨水沾到手上和衣服上易于清洗，也不至于出现笔套逐渐丢失的情况。

第三，颜料。颜料主要有水彩、水粉颜料、国画颜料、墨汁等。

第四，画架。如果有足够的条件和空间摆放几个画架最为理想。如果条件不允许，可以在桌面上绘画或是进行其他美术活动。教师还可以把纸张粘贴在墙上适宜的位置，让幼儿在上面作画。

第五，容器。容器是指各种用于放置颜料的容器，即调色盘、托盘、空罐头瓶或空饮料瓶。选择容器时要注意器皿的高度必须比画笔矮才行。如果饮料瓶瓶颈较长，可以把上半部分截去，并将剪切面打磨光滑。

第六，围护。围护是幼儿美工，尤其是绘画活动中必备的工作服。围护有两种：一种是有袖的护衣式；另一种则是无袖的围裙式。护衣式围护适合较小年龄的幼儿，以及各年龄段幼儿在冬季使用。教师可以为幼儿缝制专用的围护，也可以用围兜、旧衬衫、围裙等来代替。

第七，用于绘画的其他工具和材料。包括版画的油墨、油滚，做喷洒画的牙刷、雪糕棒、刷子、纸巾、额外的纸张与颜料，做印画的各种自制印章（玩具印章、蔬菜印章），做泡泡画的吸管，等等。

第八，清洁用具。清洁用具主要有抹布、纸巾、水桶、扫帚、拖把等。

（3）手工类。幼儿手工活动区角是丰富多彩的，根据使用的材料以及活动方式的不同，大致可以分为泥工、粘贴、纸工、制作四种活动形式。

幼儿手工的工具和材料主要有：糨糊、胶水、胶带、双面胶、订书机、儿童剪刀、竹刀、笔、泥工板等。幼儿手工材料主要有以下四种。

第一，点状材料。点状材料包括沙子、小石子、珠子、纽扣、谷物、果核、种子、贝壳、牙膏盖等，这些材料可以通过穿连、拼贴、粘连、镶嵌等方法来制作线形、平面和立体作品。

第二，线状材料。线状材料包括绳、棉线、毛线、火柴棒、麦秸、树枝、高粱秆等，这些材料可以通过盘绕、编织、拼贴、拼接、插接等方法来制作线形、平面和立体作品。

第三，面状材料。面状材料包括纸、布、树叶、花瓣、羽毛、刨花、塑料薄膜等，这些材料可以通过剪、撕、折、染、卷、粘贴、插接等方法来制作平面、立体作品。

第四，块状材料：块状材料包括泥、面团、石块、萝卜、土豆、蛋壳、瓶子、纸盒、核桃、乒乓球等，这些块状材料可以通过塑、刻、拼接、组合、穿连、剪等方法来制作立体作品。

3. 区角环境创设

设计美术活动区角环境的时候，教师应周密地考虑区角内颜色、形状、结构、线条和图案的空间安排，要突出艺术性，做到陈设简洁美观，色彩鲜明和谐，富有吸引力，并符合幼儿的审美情趣，使幼儿获得对区角环境美的感受，培养幼儿的审美感知、审美情感和审美创造等基本能力。

展示栏或作品角是美术活动区角必不可少的设置项目，用以展示幼儿的美术作品，能提高幼儿对美术活动的兴趣。将幼儿的美术作品平贴在展示栏或作品角里是教师常用的一种展示方式。除此之外，还可以用即时贴、彩色纸或丝带做一个大的框架，框架的形状可以是方形、心形、圆形、伞形、蘑菇形及其他形状，然后将幼儿的美术作品框起来进行展示，这样看上去更醒目，更吸引人。

将部分幼儿美术作品摆在桌子上或架子上展示也是一种较好的选择。如果某一次活动的作品过多，教师还可以在教室高处拴一根绳子，将幼儿的美术作品悬挂在上面，这样会节省活动区的空间，同时也不会影响幼儿的活动，幼儿随时可以抬头欣赏自己的作品，还能带给他们满足感和自豪感。

美术活动区角可以布置各类美术作品，如绘画、雕塑、剪纸作品，还可以放置有插图的书。教师应定期更换区角中的作品，让幼儿了解更多的艺术作品以及艺术作品的不同风格。

4. 区角的指导与管理

（1）根据幼儿不同发展时期和水平选择材料。不同幼儿的发展水平存在着差异，个体的兴趣爱好也有所不同，有的幼儿造型能力强，有的色彩感强，有的性格大胆奔放，有的动作精细。教师必须了解以上因素，为幼儿提供不同性质的工具材料和不同的表现方法，允许幼儿自主选择偏爱的表现方法，使幼儿体现自身的价值，丰富幼儿的知识经验，开发幼儿的创造潜能。

美术活动区角的各类材料对幼儿而言应该是开放的，这就需要教师合理地整理、归类，便于幼儿自由取放。美术活动区角内的家具高度要适合幼儿的身高，同时放置某类材料的地方应相对集中、固定，并且各类材料均应贴上不同的标签，用图片标示，让幼儿一目了然。

（2）因势利导进行点拨。在美术区角活动中，有的幼儿因为技能方面的问题或新工具使用方法的问题，在操作中手忙脚乱；有的因为预知图式模糊，影响了图像的再现，在操作中无从下手。对于那些经过尝试、探索仍然不清楚的问题，或是大多数幼儿易出现的错误，教师应及时地给予适当的帮助、点拨或示范，不然会导致幼儿盲目摸索，走弯路，既浪费时间又体会不到成功的快乐，以至于失去参与活动的兴趣和信心。

（3）及时组织幼儿交流感受。美术区角的活动不是放任自流的，从环境的设置、材料的提供，到幼儿的活动及活动后的交流，都应在教师的计划之中。在活动后的交流中，幼儿可互相介绍自己的活动过程及作品，互相欣赏，互相学习。教师对幼儿的作品不做直接的定性评价，而是与幼儿交流，在交流中进行鼓励和建议，只要幼儿能把自己作品的意思说出来，就要给予肯定，对有创意的想法更应鼓励。

（二）音乐活动

音乐教育是声音的艺术、听觉的艺术，也是表演的艺术、情感的艺术。

教师需要引导幼儿接触周围环境和生活中美好的人、事、物，丰富他们的情感体验和审美情趣，激发他们表现美、创造美的情趣。

在创设音乐环境时，教师要注意音乐的声音质量和音像效果，歌唱和乐器演奏的音色美。让幼儿用耳朵、用心灵去倾听音乐、感受音乐、理解音乐，并能运用和创造美的声音去表情达意。

（三）其他艺术领域的环境创设

除了美工制作、音乐活动以外，举行艺术会演、Cosplay（Costume Play，角色扮演，是指利用服装、饰品、道具以及化装来扮演动漫作品、游戏中的角色）也可以提高幼儿的艺术欣赏水平。

从制作节目单，到化装，再到表演，幼儿都积极独立完成。

各学习领域的环境创设可以延伸到幼儿园广阔的户外场所，充分利用非体育活动时间的户外场地创设丰富的环境，让孩子更愉快地成长。

第六章　创新理念下的幼儿园教学实践

第一节　幼儿园教学中的教育信息化实践

一、信息化在幼儿园教育教学中的应用价值

当今社会属于网络信息时代，人们的学习、生活和生产都离不开互联网信息技术，信息技术也被广泛应用到教育领域中，有效转变了学习途径，使教育事业获得长远持续发展。“幼儿阶段的教育教学工作，是义务教育工作的前提与基础，因此教师还需要重视创新应用信息技术，促使幼儿全面发展。”① 其应用价值主要表现在以下三个方面。

第一，随着新时期的全面到来，社会与国家对人才的需求也发生了很大的转变。只有高素质、全能型的优质人才，才能获得长远持续发展。因此，在教育工作的不断改革进程中，教师要注重幼儿核心素养的培养。将信息化技术应用到幼儿园教育教学中，注意从知识、技能、情感态度三个方面展开教学活动，培养与发展幼儿的综合能力，促使幼儿朝着个性化、全面化发展。

第二，教育的改革要紧跟时代发展，实现信息化教育方式的高效应用，才能为教育工作带来更大的便利，因此，要将现代化信息技术高效灵活地应用到幼儿教学活动中，如多媒体设备、网络信息技术等，加快教育的改革步伐，完善教育基础设施，开发更多的优质资源，帮助教师高效地完成幼儿教育工作。

第三，基于互联网平台的信息共享和便捷等特点，教与学不受时空限制，教师和幼儿都可以从多元的渠道获取丰富的信息。因此，将信息化技术应用在幼儿园教育教学中能让教学活动更生动、充满趣味，更符合幼儿的思维认知和发展规律，有利于幼儿创新思维、互动交流、实践探究等能力的培养。此外，还可以实现优质幼儿教育资源的整合，推动幼儿教育事业不断发展。

---

①吴丽娟. 信息化在幼儿园教育教学中的创新应用及对策研究［J］. 智力，2021（28）：181.

二、信息化在幼儿园教育教学中的创新对策

1. 加强幼儿园教师的信息化教学培育

总体而言，幼儿园应该加强幼儿教师自身信息化教育教学能力，为了提高教师的这一能力，可以从以下两点探讨：首先，幼儿园应当不定期地组织教师学习信息化教学相关的理论知识以及具体的操作内容，并对教师的学习情况进行考察，对学习良好的教师可以给予一定的奖励措施。其次，幼儿教师流动性比较大的原因，除了受到相关政策的影响，更重要的是因为教师本身的薪资待遇水平较低。由此，教师的工作强度与其任教内容是否相匹配，这些都需要进行合理有效的调整。此外，作为幼儿园领导，应该重视园区优秀教师流失的问题，改善教师的工作环境，提高教师的薪资，让幼儿教师在工作期间可以享受到更多的待遇，受到更多的尊重。

2. 重视幼儿园信息化教学体系的建设

目前，我国大部分幼儿园主要是分为大班、中班、小班，不同班的幼儿由于年龄不同，他们的认知特点也不一样。教师在开展教学的时候就不能采取相同的方法和措施，教师要结合幼儿的特点做到因材施教，这也就要求教师要深度融合信息化教学，结合幼儿的实际情况采用更加具有针对性的教学方法。

3. 打造幼儿园信息化教学共享平台

所谓的幼儿园信息化教学共享平台，其实就是一种同步课堂，通过现代化信息技术的应用，让不同地点幼儿园的幼儿能在同一时刻学习同一课件的知识内容，这不仅能解决信息资源分配不平衡的问题，还能给不同地区的幼儿园提供沟通交流的机会，为我国幼儿园信息化教学的发展作出重大的贡献。

综上所述，随着当前时代的快速发展，信息技术已经渗透到人们生活中的各个领域。在幼儿园发展阶段，信息化的教学方法也会得到进一步推广。作为新时期的幼儿园教师，我们不仅需要学习信息化教学模式，采用信息化教学方法，还要不断提高自己的信息化素养，让自己有更丰富的知识储备，只有这样才能采取形式多样的教学活动，提高幼儿的学习体验。

第二节　STEAM 教育理念与幼儿园教学的融合

STEAM 作为一种以工程为媒介融合不同学科的教育模式，能引导幼儿在动手实践中

分析解决生活中的实际问题，满足他们自主全面的需求。学前教育不仅强调幼儿的智育发展，而且更注重他们综合素养的提升。STEAM 教育作为一种融合创新教育，融入学前教育中，能帮助幼儿在自主探究中提升实践能力、创新能力以及合作能力等，使幼儿养成较强的综合素质，为他们以后更好地学习和生活奠定坚实基础。

一、STEAM 教育概述

STEAM 教育主要包含科学（Science）、技术（Technology）、工程（Engineering）、艺术（Art）、数学（Mathematics）这五个学科。但在实际的发展过程中，STEAM 教育早已超越了其首字母所代表的学科，其涵盖的范围也远不止这五个学科。随着我国基础教育改革的深入推进，STEAM 教育也逐渐开始融入学前教育中，其教育目的也是一贯明确的，即在幼儿成长初期，培养幼儿多方面的兴趣爱好，通过引导幼儿参与综合实践活动培养提升他们的科学、技术、工程、艺术以及数学等多方面的综合素养，为他们未来的全面发展奠定基础。因此，应积极地将 STEAM 教育理念融入学前教育中，并不断发挥其特点和优势，推动幼儿综合素养的全面提升。

二、基于 STEAM 教育理念下幼儿教师课堂上的教学设计

幼儿园教师课堂上的教学，分为小班、中班、大班进行主题教学，教师需要根据不同年龄段的幼儿身心特点选择合适的教学方法，主题教学内容可衔接，层层递进，教学难度适合幼儿的认知及动作水平。以教学主题“趣味洞洞”为例，其来源于幼儿的生活，也是幼儿感兴趣的内容。“趣味洞洞”的主题教学，融入 STEAM 教育理念，课堂可分为活动前、活动中、活动后三个教学阶段。

1. 课堂主题教学活动前

幼儿教师在进行主题教学活动前，首先要明确教学对象，分析其学习特征、认知水平及特点等，有针对性地进行教学设计。根据皮亚杰的认知发展理论可知，2~7 岁的幼儿处于前运算阶段，其思维还处于具体运算阶段，思维具有不可逆性。因此，教师要把握好幼儿年龄特点，基于生活辅助教师更好地开展教学活动。其次，教师可以根据教学主题事先预设主题网络图，也可根据教师与幼儿互动生成的知识内容，进行选择和补充。

2. 课堂活动过程设计

在课堂教学实施的环节中，教师要明确教学的主要内容，从而选择合适的教学方法，在这个过程中要注重教学内容各领域的融合进行教学，并选择合适的教学媒介和教学策略，帮助幼儿综合性地掌握学习内容。根据幼儿的身心特点和教学设计的基本理论知识，

设计基于 STEAM 教育理念下幼儿教师课堂上的教学环节，主要包括以下环节：①学习新知、知识迁移环节；②创设情境，任务驱动环节；③实践操作环节；④交流讨论环节。以“趣味洞洞”为例进行分析。

首先，学习新知、知识迁移环节。引入教学主题“趣味洞洞”，启发式提问，启发幼儿去发现生活中的洞洞，可从人身上的洞洞过渡到动物身上的洞洞再过渡到生活中常见的洞洞，让幼儿主动去思考、发现、讨论，必要时还可以组织幼儿到户外进行观察，并总结洞洞的外形基本特征，在此阶段，大班可提高难度，组织大班幼儿进行观察记录洞洞形状等。

其次，创设情境，任务驱动环节。教师根据幼儿的兴趣，创设故事情境或以任务驱动形式使幼儿进行参与，如幼儿对操场的滑滑梯区域的洞洞感兴趣，教师则可以设置搭建滑滑梯。创设一个轻松、愉悦的氛围，能最大限度地激起幼儿的兴趣。

再次，实践操作环节。在搭建洞洞滑滑梯时，教师可组织幼儿观察滑滑梯的洞洞，引导幼儿注意观察滑滑梯的形状特征及搭建技巧，此阶段应注重整合跨学科知识，帮助幼儿掌握搭建滑梯的技巧等知识；与此同时，幼儿可自主选择搭建材料，如选择积木、雪花片等进行搭建。幼儿开始制作滑滑梯，初步制作滑滑梯模型，并在制作过程中会遇到很多的问题，教师要根据幼儿搭建的模型给予针对性的指导，还可以在幼儿搭建模型的基础上，根据幼儿能力不断提出适宜的难度，让幼儿不断完善作品。

最后，交流讨论环节。幼儿开始展示作品，可让幼儿互相观察及评价滑滑梯的搭建是否有洞洞，是否美观等，在此阶段注重引导幼儿对洞洞滑滑梯作品的表达及喜欢哪一个作品，说出喜欢的原因。

3. 课堂主题教学活动结束

幼儿园主题教学活动的结束，并不意味着一节课真正结束了，教师还需要对幼儿搭建洞洞滑滑梯的过程进行过程性评价及总结性评价，以保证对幼儿能形成一个客观的评价。幼儿是学习的主体，是不断发展的人。教师要用动态发展的眼光看待幼儿，并根据幼儿存在的问题或者有待提升的能力等方面提出有效的对策，帮助幼儿发展其能力。同时，教师也需要反思在此次教学中，是否有效地达到 STEAM 教育理念的跨学科教学，以及幼儿在过程中能否发现问题进而解决问题等。

总而言之，STEAM 教育理念在一定程度上突破了幼儿园传统分科教学的局限性。在幼儿园课程融入 STEAM 教育理念，能有效突出跨学科整合的特点，帮助幼儿进行全面、综合性学习，同时也为幼儿后续发展奠定良好的学习基础。基于 STEAM 教育理念下，幼儿园课堂的活动前、活动中、活动后的教学设计，都立足于把握年龄特点的基础上，根据教学内容选择合适的教学方式，注重在实施教学设计的环节中充分发挥幼儿的积极性、主动性，使幼儿能在主题教学活动操作活动过程中发现问题，不断在实践过程中解决问题，在这个环节过程中，对教师的教学设计及能力具有一定的要求。这对教师而言，同时也是一个学习挑战的过程，幼儿园教师要不断学习，丰富自身知识储备，更要把握 STEAM 教育理念的要求，在课程中发展幼儿的想象力、创造力，这对幼儿的一生都将有重要的借鉴学习意义。

第三节　幼儿园游戏化教学的创新策略与实践

《3~6 岁儿童学习与发展指南》中指出：“幼儿的学习是以直接经验为基础，在游戏和日常生活中进行的。”幼儿园游戏化教学是幼儿教育教学改革的发展趋势，旨在针对幼儿爱玩的天性，把“教”与“学”融入游戏活动中，使幼儿在快乐的游戏中健康成长并收获知识。在实际教学中，教师要以快乐教育为指导思想，坚持幼儿教育以游戏为基本活动的理念，精心设计以游戏为基础开展的课程，让幼儿在游戏活动中学到知识，获得快乐体验，提高综合能力。

一、幼儿园游戏化教学的意义

“幼儿园教育承担着幼儿启蒙教育的任务，是幼儿接受教育的关键时期，影响着幼儿日后习惯的养成，在幼儿园的教学中，游戏化教学可以激发幼儿的学习兴趣。”① 游戏能给幼儿带来强烈的满足感、快乐感，所以将游戏融入教学很有必要。在游戏中，幼儿更具学习热情和动力，更愿意进行主动探索，更容易收获知识、提升能力，实现快乐成长的目标。

1. 激发幼儿学习兴趣

游戏是幼儿日常接触较多的活动，有意义的游戏可以激发幼儿的探究兴趣，促使幼儿主动探索世界，提高幼儿的思考能力，让幼儿在潜移默化中收获知识，因此将游戏融入幼儿教学是一件非常重要的工作。在实际教学中，幼儿教师要在全面掌握幼儿当前身心发展规律、了解幼儿兴趣、准确把握幼儿心理需求的基础上，创设幼儿感兴趣的游戏，并巧妙地将教学内容融入游戏中，以此将幼儿的兴趣点与教学内容有效衔接，提高游戏化教学的

①徐冰．幼儿园游戏化教学探究［J］．才智，2019（22）：29.

可行性和高效性。

2. 增强课堂趣味性

游戏本身具有让人放松身心、快乐自在的特性，还能在一定程度上鼓舞人、激励人。在实际教学中，幼儿教师要在充分了解幼儿天性的基础上，将游戏融入幼儿课堂教学中，以此增强课堂趣味性，激发幼儿的参与热情，使“玩中学”的教学目标真正实现。例如，在玩“寻宝”游戏时，教师可以先设置好任务，再给幼儿提供一些信息，让他们自主去寻宝。在幼儿完成任务后，教师可以给予幼儿适当的奖励，对其予以鼓励。

3. 提升幼儿道德素养

幼儿来到这个世界时就如同一张白纸，无论是知识还是道德都是其在后天的不断学习中逐渐习得的。因此，对幼儿进行道德培养十分重要，这种培养对其整个人生发展都有重要意义。在实际教学中，幼儿教师可以通过不同的游戏活动，健全幼儿的心理，帮助幼儿树立正确的道德观念，促进幼儿的全面发展。如通过家庭角色扮演游戏，让幼儿体会到亲情的可贵，理解父母的辛苦，并学会尊重长辈，关爱父母。

二、幼儿园游戏化教学的创新与实践原则

幼儿天生具有好奇心，对很多游戏都充满兴趣，但并非所有的游戏都适合引入幼儿园教学中，如太过复杂的，或具有一定危险性的，都不太适合用在课堂教学中，因此教师在幼儿园游戏化教学的创新与实践中，一定要遵循如下原则。

1. 游戏要易于操作

幼儿正处于各种能力的萌芽阶段，天真懵懂，思维能力有限，因此教师应从幼儿角度出发，选择符合幼儿身心发展规律且与幼儿现阶段能力相匹配的游戏内容。在设计游戏教学时，教师要从幼儿实际情况出发，游戏要设计得简单且易于操作。在实施游戏教学时，教师要引导幼儿从易于操作处着手，再逐层深入体验，以此让幼儿在快乐中收获知识，积累经验。

2. 游戏要与生活结合

家庭是幼儿最熟悉的场所，生活式的游戏往往容易让幼儿产生亲切感，也容易激发幼儿的学习兴趣和参与热情。因此在实施游戏教学时，一方面，教师可以以家庭生活为切入点，增强游戏的生活性，让幼儿在玩中学；另一方面，教师也可以根据家庭生活中的新鲜事物进行游戏设计，以此引导幼儿由熟悉的家庭生活走向更广阔的世界。

3. 游戏要具有启蒙意义

游戏教学既然是教学而非单纯的游戏，就必须具有一定的启蒙教学意义，以期让幼儿通过游戏有所收获。如合作游戏模式可以帮助幼儿更快地融入集体生活，自主游戏模式可以开阔儿童思维，教师主导模式可以激发幼儿好奇心等。因此，在实施游戏教学时，教师要充分考虑游戏的启蒙作用和益智作用，以此让游戏和教学有效衔接，促进幼儿全面发展。

4. 游戏要有趣味性

不是所有的游戏都能吸引幼儿的注意力，无趣的游戏会让幼儿感到乏味，不愿意参与和配合。因此，在实施游戏教学时，教师要以幼儿视角看待问题，尽可能把游戏内容和形式设计得好玩有趣，从而有效激发幼儿的游戏兴趣，使幼儿愿意积极主动地参与到游戏学习过程中，以此最大限度地发挥出游戏教学的作用。

三、幼儿园游戏化教学的创新与实践策略

1. 创新游戏材料

在传统的游戏教学活动中，教师通常会为幼儿提前准备好游戏材料，这样的方式会导致幼儿无法根据自身的喜好挑选游戏材料，只能选择教师所提供的固定游戏材料，而且教师所提供的游戏材料有限，有的已经十分老旧，幼儿已反复玩耍过，早已兴趣不大。为了改变这一状况，在进行游戏教学的创新与实践时，教师要设法创新游戏材料。首先，教师要在保证幼儿安全的前提下，带领幼儿亲自动手制作想要的游戏材料。其次，教师要做好引导工作，让幼儿将动手实践的过程当作游戏的一部分，以此提升幼儿参与的积极性。最后，教师要启发幼儿在游戏中适当地运用自己制作的游戏材料，以此强化幼儿的成就感，让幼儿充分体验到成功的喜悦。例如，教师可以和幼儿一起收集废旧报纸，并在整理干净后，一起折纸船、纸飞机等。教师也可以和幼儿一起收集废旧的塑料瓶、矿泉水瓶等，一起制作望远镜。这些有趣又有意义的游戏不仅可以激发幼儿的兴趣，发展幼儿的思维，还可以帮助幼儿树立环保意识，对幼儿的成长与发展大有裨益。

2. 创新游戏环境

传统的游戏教学活动大多集中在教室内进行，这样的教学安排有利于教师的课堂管理，但因范围限制，可玩项目不多，往往会导致幼儿兴趣不浓，参与热情不高。在进行游戏教学的创新与实践时，教师第一件要做的事情就是创新游戏环境。一方面，教师可以结合本园的实际情况和幼儿的状态，多带领幼儿到户外呼吸新鲜空气，进行户外活动，适当

的跑跳可以提高幼儿的身体素质，有益于幼儿的健康成长；另一方面，教师可以以一定频率间隔开展室内游戏教学和室外游戏教学，并设法使两者结合开展，以此增加幼儿的新鲜感，激发幼儿的兴趣，提升幼儿的参与热情。

3. 创新游戏内容

在传统的游戏教学活动中，幼儿教师通常带领幼儿进行同样的游戏，但是相同的游戏很难同时激发所有幼儿的兴趣，吸引所有幼儿都积极地参与到游戏中来，这就会导致游戏教学效果不佳，不能满足所有幼儿的需求。为了改变这一状况，教师应注重对游戏内容的创新。一方面，每个幼儿都是独一无二的，都具有独特鲜明的性格特点，幼儿教师应正视幼儿的这种差异，针对不同幼儿的不同性格特点创设不同的游戏内容，因材施教，以此促进全体幼儿的健康成长。例如，教师可以为幼儿创设一系列游戏活动，让幼儿自主选择想要参与的游戏项目，并保证做到不干涉幼儿玩耍，不在幼儿自主游戏中加入自己的观念，以此提高幼儿的专注力、创造力和思维力等。另一方面，幼儿教师要注重在游戏教学中融入生活元素，让游戏内容更贴近生活，以此丰富幼儿的生活体验，培养幼儿的生活能力。另外，对一些内容简单、易于操作的益智小游戏，教师可以鼓励家长带领幼儿在家中反复玩耍，如锻炼专注力、协调能力等的小游戏，这不但有助于幼儿提高相应的能力，还有助于增进亲子关系。

4. 创新评价方式

教学评价是教学环节的重要组成部分，教师带领幼儿完成游戏教学后，要对游戏教学进行评价。教师的评价不仅会对游戏的发展方向产生影响，更会对幼儿对游戏的认同感产生影响。基于此，教师要重视对游戏评价方式的创新。首先，教师在进行游戏评价时，一定要采用合适的语言，和蔼可亲地与幼儿进行交流，并适时地给予幼儿以肯定和鼓励。其次，教师在进行游戏评价时，要不断更新方式方法，避免老生常谈，除了采用基本的课堂总结法外，还可以用观察法、故事叙述法等方式对幼儿的游戏参与情况进行评价。最后，教师对幼儿的游戏情况的评价要多元化，除了教师评价外，还应增加幼儿自我评价、小伙伴互评、幼儿家长评价等多视角评价，以此保证评价的全面、科学、公平，使游戏评价对幼儿发展起到促进作用。

总而言之，在学前教育阶段，教师应充分考虑幼儿身心发展特点，采用符合幼儿身心发展规律的启蒙教学方法，对幼儿进行适宜的启蒙教育。幼儿天性爱玩，在学前教育中，教师可以针对幼儿这一天性，把游戏融入教学中，以此激发幼儿的学习兴趣，提升幼儿的课堂参与积极性，以实现教学目标。

参考文献

[1] 蔡黎曼，黄佩珊. 幼儿园教育戏剧教学设计的框架理路 [J]. 华南师范大学学报（社会科学版），2020（4）：86-94.

[2] 冯雅静. 幼儿园科学教育游戏化的实施策略 [J]. 学前教育研究，2015（3）：67-69.

[3] 高春凤. 幼儿园音乐教育活动中的师幼互动探微 [J]. 中外交流，2017（3）：275.

[4] 高倩文. 论幼儿园教育理念 [J]. 读写算，2018（17）：38.

[5] 郝兆杰，梁芳芳，肖琼玉. 幼儿园教学活动中信息技术应用现状分析 [J]. 学前教育研究，2014（11）：35-41.

[6] 侯爽，张广君. 幼儿园传统文化教学中的教育性：基于生成论教学哲学的视角 [J]. 当代教育与文化，2022，14（5）：82-89.

[7] 黄静. 幼儿园情境性数学教学活动的实施策略 [J]. 学前教育研究，2018（10）：64-66.

[8] 黄立霞. "三全育人"思想指导下幼儿园教育支持体系的建构 [J]. 学前教育研究，2022（12）：79-82.

[9] 蒋晨. 立体化教学：幼儿园彩绘教育新探索 [J]. 上海教育科研，2016（4）：94-96，46.

[10] 李光莲. 新理念下的幼儿园教育策略研究 [J]. 百科论坛电子杂志，2020（2）：324.

[11] 林飞群. 在幼儿园水粉画教学中实施情感教育的策略 [J]. 学前教育研究，2012（10）：60-62.

[12] 罗红辉. 民间传统游戏与幼儿园教育活动的融合 [J]. 当代教育论坛，2016（2）：100-105.

[13] 吕彩萍. 幼儿园生成性教学资源的开发和应用 [J]. 学前教育研究，2013（5）：67-69.

[14] 邵秋玥. 幼儿园美术教育活动中存在的问题与策略探究 [J]. 新智慧，2019（35）：109.

[15] 万超，陈清淑. 幼儿园课程论 [M]. 长春：东北师范大学出版社，2016.

[16] 王春燕，王秀萍，秦元东. 幼儿园课程论［M］. 杭州：浙江工商大学出版社，2018.
[17] 王丽娟. 幼儿园教研活动的目的与实施策略［J］. 学前教育研究，2015（3）：61-63.
[18] 王蓉. 幼儿园教师过程性评价素养的内涵、构成与培养［J］. 学前教育研究，2022（12）：91-94.
[19] 王阳，王颖莉，凌爱霞. 幼儿园中班集体教学活动中即时评价存在的问题与对策［J］. 内蒙古师范大学学报（教育科学版），2022，35（2）：52-57.
[20] 魏卿. 试析幼儿园教育活动中的教师指导［J］. 内蒙古师范大学学报（教育科学版），2013，26（8）：36-39.
[21] 吴翠玉，藏兰荣，王雅莉. 幼儿园教育活动方案设计指南［M］. 长春：吉林人民出版社，2020.
[22] 吴丽娟. 信息化在幼儿园教育教学中的创新应用及对策研究［J］. 智力，2021（28）：181.
[23] 吴一红. 幼儿园集体社会活动的实施原则与策略［J］. 学前教育研究，2015（12）：67-69.
[24] 吴跃跃. 幼儿园音乐教育评价的原则、内容与方法［J］. 学前教育研究，2019（10）：85-88.
[25] 吴志勤，王文乔. 幼儿园教育活动设计与组织［M］. 重庆：西南大学出版社，2019.
[26] 肖全民，梁富一. 幼儿园教师教育活动认知能力的养成［J］. 学前教育研究，2015（11）：41-43.
[27] 徐冰. 幼儿园游戏化教学探究［J］. 才智，2019（22）：29.
[28] 杨金萍. 幼儿园环境创设教学探究与实践［J］. 中外交流，2021，28（2）：15-32.
[29] 杨文. 从集体教学到个别化学习：幼儿园教育改革的必然［J］. 学前教育研究，2020（10）：81-84.
[30] 姚亚菲. 论述幼儿园教育改革［J］. 情感读本，2016（5）：69.
[31] 虞永平. 幼儿园课程建设与教师专业成长［J］. 中国教师，2020（1）：81.
[32] 张冬梅，姜珊珊. 品德教育在幼儿园教育中的渗透［J］. 教育探索，2013（10）：133-134.
[33] 张卫民，王兵. 从生命教育视角审视和建构幼儿园教育［J］. 学前教育研究，2019（4）：57-65.
[34] 左莲玉. 浅谈幼儿园数学区的环境创设与材料投放策略［J］. 幼儿教育研究，2016（4）：8.